Franziska Wolffheim

ZWEISTEIN

oder
Das Brummen
der Welt

Geschichten einer Katze
von nicht geringem Verstand

Mit Illustrationen
von Stefanie Clemen

KNAUS

Verlagsgruppe Random House FSC® N001967
Das für dieses Buch verwendete FSC®-zertifizierte Papier
EOS liefert Salzer Papier, St. Pölten, Austria.

1. Auflage
Copyright © 2014 beim Albrecht Knaus Verlag, München,
in der Verlagsgruppe Random House GmbH
Gesetzt aus der Canape
Buchgestaltung und Satz: Oliver Schmitt, Mainz
Druck und Bindung: Pustet, Regensburg
ISBN 978-3-8135-0610-5
Printed in Germany

www.knaus-verlag.de

Inhalt

»Wichtig ist, dass man
nicht aufhört zu fragen.«

Albert Einstein

»Schade, dass man
so selten gute
Antworten bekommt.«

Zweistein

Zweistein
oder das
Brummen der Welt

Manchmal kann Zweistein hören, wie die Erde brummt. Er hat es zum ersten Mal erlebt, als er neben einem Maulwurfshügel lag und döste. Ein tiefes Brummen, wie von einer Bass-Saite. Seitdem legt er sein Ohr immer an den Boden, wenn er einen Maulwurfshügel sieht. Meist hört er gar nichts. Aber hin und wieder ist da etwas, und Zweistein wird ganz aufgeregt. Mal brummt es ohne Pause, dann in kurzen Abständen, unterschiedlich lang, als wolle jemand etwas morsen. Zweistein glaubt, dass die Erde spricht, aber noch kann er sie nicht verstehen. Er hört ganz genau zu und versucht, sich die Geräusche zu merken.

Zweistein stellt sich vor, was die Erde wohl erzählt. Vielleicht sagt sie, dass sie sehr alt ist und manchmal ächzt, weil sie so viel tragen muss, Menschen, Katzen, Häuser, Brücken, Fernsehtürme. Zweistein ist recht jung, zweieinhalb Jahre, er kann sich nicht vorstellen, wie es ist, wenn man alt wird. Frau Fourgé, bei der er lebt, ist nicht jung und auch nicht alt. Sie hat ein paar graue Haare, aber ist ziemlich gelenkig und macht Gymnastik auf dem Teppich im Wohnzimmer.

Am liebsten würde Zweistein dorthin gehen, wo die Geräusche herkommen, zum Mittelpunkt der Erde. Er würde bestimmt besser verstehen, was die Erde sagt. Aber was ist, wenn er sich in den Tunneln, die die Maulwürfe gegraben haben, verirrt? Oder wenn er stecken bleibt? Und wer weiß, ob Maulwürfe überhaupt so tief graben können. Zweistein denkt, er wäre bestimmt die erste Katze, die zum Mittelpunkt der Erde käme. Er findet die Vorstellung großartig, aber gleichzeitig hat er das Gefühl, er solle lieber die Pfoten davon lassen. Es gibt Dinge, die man denkt, aber besser nicht macht.

Zweistein wird weiter sein Ohr an die Erde halten und aufgeregt sein, wenn er sie brummen hört. Irgendwann wird er ihre Sprache verstehen.

Frau Gregor

Frau Gregor vergisst alles. Oder fast. In der Bäckerei will sie immer mit Murmeln bezahlen, davon hat sie eine ganze Hand voll in ihrer linken Jackentasche. Zu Zweistein sagt sie Dreistein oder Vierstein, manchmal auch Fünfstern. Zweistein mag Frau Gregor, weil sie gern Katzen um sich hat und auf seltsame Ideen kommt. Neulich hat sie Zweistein nachmittags ins Café eingeladen, zu Milch und Kuchen. Sie saßen draußen, Frau Gregor auf einem Stuhl, Zweistein unterm Tisch. Er bekam eine warme Milch in einer großen Tasse, die Streuseltorte hat er stehen lassen, er mag keinen Kuchen. Frau Gregor vergisst das jedes Mal.

Danach hat Zweistein Frau Gregor nach Hause begleitet, das macht er häufig. Sie nimmt immer einen anderen Weg, und plötzlich bleibt sie unerwartet stehen. Vorsichtig fragt sie Zweistein: »Wo würdest du jetzt gehen, Dreistein, links, rechts oder geradeaus?« Ohne eine Miene zu verziehen, geht Zweistein geradeaus weiter, er kennt die Wege aus dem Effeff. Als sie schließlich vor dem roten Haus von Frau Gregor ankommen, meint sie zufrieden: »Siehst du, Fünfstern, jetzt sind wir schon wieder einen anderen Weg gegangen. Man muss nicht immer dieselbe Strecke nehmen, das wäre auf Dauer ziemlich öde.« Zweistein findet, dass sie recht hat. Für ihn ist es auch langweilig, immer durch dieselben Zäune und Buchsbaumhecken hindurchzukriechen. »Wo habe ich bloß meinen Schlüssel«, fragt Frau Gregor und wühlt hektisch in ihrer Brötchentüte. Jetzt wirkt sie plötzlich erschöpft. Zweistein deutet mit seiner Pfote auf ihre rechte Jackentasche. Frau Gregor steckt die Hand hinein. »Ich wusste es«, sagt sie.

Gauß

Gauß ist klein und schlau. Er hat ein schwarzes Fell
mit ein paar weißen Flecken darin. Zweistein hat
sie schon einmal gezählt, es sind sieben, eigentlich
siebeneinhalb. Meist sitzt Gauß unter einer Kastanie
und ist mit seinem Abakus beschäftigt. Er schiebt
die bunten Kugeln von links nach rechts und wieder
zurück, dabei bewegt er leicht die Lippen. »Was tust
du da«, fragt Zweistein, als er wieder einmal bei
Gauß vorbeikommt. »Ich möchte wissen, wie viele
Katzen auf der Erde leben«, antwortet Gauß. »Und,
weißt du es?«, fragt Zweistein. »Noch nicht, ich bin

dabei.« – »Wozu
musst du das wissen?« –
»Ich habe das Gefühl, es werden immer mehr«, sagt
Gauß. »Wenn ich weiß, wie viele es sind, verwirrt es
mich nicht mehr.« »Und wenn du dein ganzes Leben
lang rechnen musst?«, will Zweistein wissen. »Das
macht nichts, ich rechne gern«, antwortet Gauß.
Zweistein kann sich nicht vorstellen, sein ganzes
Leben zu rechnen.

»Was tust du denn besonders gern?«, will
Gauß wissen. Zweistein überlegt. »Ich denke gern
nach.« – »Und worüber?« – »Über alles«, antwortet
Zweistein. – »Ist es nicht anstrengend, über alles
nachzudenken?« – »Eigentlich nicht«, sagt Zweistein. »Es sind nur so viele Gedanken, ich kann sie
gar nicht alle festhalten. Manche fliegen weg und

verschwinden im Himmel.« –
»Vielleicht fliegen sie auch in
andere Köpfe«, meint Gauß.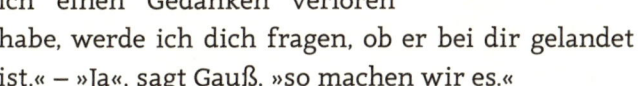
»Möglich«, antwortet Zwei-
stein. »Nächstes Mal, wenn
ich einen Gedanken verloren
habe, werde ich dich fragen, ob er bei dir gelandet
ist.« – »Ja«, sagt Gauß, »so machen wir es.«

Zweistein überlegt, ob die guten Gedanken
immer irgendwo bleiben, oder ob sie auch ganz
verschwinden können. Er schaut zu Gauß herüber.
Gauß hat sich wieder über seinen Abakus gebeugt
und schiebt zufrieden Kugeln von links nach rechts
und zurück. Ob er jemals fertig wird? Eigentlich,
denkt Zweistein, ist es gar nicht wichtig, fertig zu
werden. Wenn ich nachdenke, werde ich auch nie
fertig. Gäbe es ein Ende, müsste ich Angst haben,
dass irgendwann nichts mehr zum Denken übrig
ist. Vielleicht wird Gauß eines Tages ausrechnen
wollen, wie viele Gedanken es gibt. Ich werde ihm
sagen, dass es zwecklos ist.

Düfte

Zweistein mag Blumen, vor allem solche, die duften. Er kann eine Rose oder eine Hyazinthe schon von Weitem riechen, und er täuscht sich so gut wie nie. Schwierig wird es, wenn sich zwei Düfte überlagern. Dann muss er genau hinschnuppern, bevor er weiß, dass die Tulpe links und die Narzisse rechts steht. Auch Menschen haben einen eigenen Geruch, jeder ist unterschiedlich. Frau Fourgé riecht nach Vanille, Lavendel und frischem Weißbrot, mehr nach Sommer als nach Winter. Die Verkäuferin in der Fleischerei riecht nach Brühwürfel und Seife. Katzen riechen natürlich auch. Zweistein hat schon eine Orange-Muskatnuss-Katze getroffen, eine Feige-Senf-Katze oder auch eine Waldmeister-Katze. Nur wie er selbst riecht, kann er nicht sagen, er

Franziska Wolffheim

ZWEISTEIN

oder
Das Brummen
der Welt

Geschichten einer Katze
von nicht geringem Verstand

KNAUS

Deutsche Post ✖

ANTWORT

KNAUS
Vertrieb
Neumarkter Str. 28
81673 München

Katzenliebhaber aufgepasst:

**Machen Sie ein Foto von Ihrem »Zweistein«
in philosophischer Pose** und schicken Sie uns
das Bild an meine-meinung@knaus-verlag.de.
Unter allen Einsendern verlosen wir für die
3 philosophischsten Katzen je ein kuscheliges
Katzen-Kissen für kommende Denkphasen.
**Natürlich interessiert uns auch Ihre Meinung
zur Lektüre.** Schreiben Sie uns per Post,
gerne auch per Fax an 089/4436-3719 oder Mail
an meine-meinung@knaus-verlag.de oder
unter www.knaus-verlag.de/zweistein.
Dies gilt natürlich auch für alle Hundebesitzer.

Einsendeschluss ist der 1. Februar 2014

Der Rechtsweg ist ausgeschlossen.
Wir möchten Ihre Meinung eventuell für Werbezwecke verwenden.

....

Meine E-Mail-Adresse lautet:

....

Name, Vorname, Stempel Buchhandlung:

ist ja Tag und Nacht mit sich zusammen. Vielleicht sollte er mal Kordon fragen, die junge Katze aus der Nachbarschaft.

Kordon hat eine feine Nase, aber muss noch etwas üben. Er will immer genau wissen, wie sich ein Duft zusammensetzt. Überhaupt ist er sehr neugierig und nimmt alles auseinander, was ihm zwischen die Pfoten kommt. Er wundert sich ständig, sagt er, was in den Dingen alles drinsteckt und wie wenig man auf den ersten Blick davon sieht. Kordon kennt jeden Mäuseknochen und jede Fischgräte. Allerdings kann er kein Blut sehen, und wenn er eine Maus zerpflückt, muss er die Augen schließen. Das Mäuse-Sezieren beherrscht er aber mittlerweile im Schlaf. Einmal hat er sogar ein ganzes Radio zerlegt und leider nicht wieder zusammengekriegt. Sein Besitzer, Herr Schaper, hat ihm daraufhin das Abendessen gestrichen. Ein Abendessen, das kein Abendessen ist, konnte selbst Kordon nicht auseinandernehmen.

Zweistein findet, dass Kordon ungewöhnlich riecht, nach Erde und rostigen Nägeln. Immer wenn Zweistein einen neuen Duft gefunden hat, erzählt er Kordon davon oder läuft mit ihm dorthin. Kordon bewundert Zweistein, weil er alle Düfte kennt. Zweistein denkt, dass man ihn nicht bewundern muss. Er findet es sogar langweilig, bewundert zu werden, weil sich keiner traut, ihm zu widersprechen. Dann könnte sich Zweistein auch genauso gut mit sich selbst unterhalten.

Neulich ist Kordon zu ihm gekommen, im Maul hatte er einen großen Fisch. Zweistein und Kordon haben ihn in aller Ruhe verzehrt. Danach hat Kordon gefragt: »Zweistein, was würdest du sagen, wie riecht eigentlich Fisch?« – »Schlamm, Tümpel, altes Öl, Essig, Salz«, sagt Zweistein, ohne lange zu überlegen. Kordon nickt. Vorhin, erzählt er, habe er auf einer Wiese an einer Mohnblume geschnuppert und sogar ein Blütenblatt in feine Teile zerlegt. »Gar nichts, sie riecht nach nichts. Kann das sein?« – »Mohnblumen riechen nicht«, antwortet Zweistein. »Vielleicht haben die Menschen allen Duft aus ihnen herausgerochen«, meint Kordon. »Das geht nicht«, sagt Zweistein. »An den Rosen schnuppern sie ja auch immer rum, und die duften trotzdem.« – »Stimmt«, sagt Kordon. Dann fragt er: »Was meinst du, wie Mohnblumen riechen würden, wenn sie einen Duft hätten?« Zweistein denkt einen Moment nach. »Seide, Himbeere und Schmetterling.« – »Und wie riechen Schmetterlinge?«, fragt Kordon. »Luft, Sonne und Mohnblume«, antwortet Zweistein.

Regenbogen

Wenn Regenbogenwetter ist, bleibt Zweistein lange draußen. Er sitzt auf der Gartenmauer, blinzelt in die Sonne und bekommt ein paar Regentropfen ab. Manchmal wartet er stundenlang und sieht keinen einzigen Regenbogen. Aber dieses Mal hat er Glück. Ein wunderschönes buntes Band spannt sich quer über den Himmel. Warum gibt es eigentlich keine Brücken in den Farben des Regenbogens? Ich würde eine Brücke in den Himmel bauen, denkt Zweistein.

Die Farben Grün und Blau mag er besonders. Oft stellt er sich vor, er würde zum Anfang des Regenbogens laufen und über den bunten Halbkreis balancieren. Am liebsten mit Lisbeth. Zweistein hat sich noch nicht getraut, sie anzusprechen. Lisbeth ist ganz weiß, mit einem goldenen runden Fleck über dem linken Auge, wie ein kleiner Mond. Ihre Augen sind graugrün wie Schlamm. Manchmal reibt sie sich ganz in seiner Nähe am Gartenzaun hin und her. Aber nur manchmal.

Zweistein ist nicht sicher, ob sie ihn überhaupt ansieht oder durch ihn hindurchschaut. Er würde sie gern pausenlos anstarren, aber das geht natürlich nicht. Meistens ist Lisbeth sowieso unterwegs, sie klettert stundenlang in den Bäumen herum und ist schnell wie ein Eichhörnchen. Zweistein würde sie niemals einholen. Häufig denkt er, Lisbeth ist in einer Baumkrone zur Welt gekommen.

Wenn er sie zu einem Spaziergang über den Regenbogen einladen würde, könnten sie sich die Farben gemeinsam anschauen. Sie würden überlegen, ob das Blau eher nach Himmel oder nach Meer aussieht, das Grün mehr nach Algen oder nach Sommerwiese. Und ob das Gelb vielleicht die Sonne des Regenbogens ist.

Plötzlich hört Zweistein ein Rascheln, es kommt aus dem Gebüsch. Jetzt sieht er Lisbeth, die mit einem Satz über den Zaun springt und dann weiter auf das Dach des Gartenschuppens, wo Zweistein häufig liegt. Ob sie ihn bemerkt hat? Aus dem Augenwinkel beobachtet er, wie Lisbeth ebenfalls den Regenbogen anschaut, der langsam verblasst. Während er von der Mauer aus in den Himmel blickt. Beim nächsten Regenbogen spreche ich sie an, denkt Zweistein, ganz bestimmt.

Der verschwundene Tag

Zweistein liegt unter dem Gartentisch und denkt nach. Manchmal schläft er auch beim Nachdenken ein, aber jetzt nicht. Gestern, überlegt Zweistein, war ein guter Tag. Er hat zwei Mäuse gefangen. Er hat es endlich geschafft, mit einem Satz über die hohe Gartenmauer zu springen, wofür er sonst immer einen Zwischenstopp brauchte. Das Wichtigste aber: Lisbeth war da und hat sich in seiner Nähe etwas länger geputzt als sonst. Sie hat ihn sogar aus dem Augenwinkel angeschaut.

Wo ist der Tag, der ein guter Tag war, eigentlich geblieben, überlegt Zweistein. Immerhin kann er sich an fast alles erinnern, und Spuren gibt es auch. Wahrscheinlich wird Zweistein heute einige von Lisbeths schönen weißen Haaren auf der Wiese finden können, er wird nachher danach suchen. Und die Überreste von den Mäusen, die er gefressen hat, liegen bestimmt noch im Gebüsch. Wieso kann ein Tag einfach weg sein, wenn Lisbeths Haare und die Mäusereste noch da sind? Auch die Tage davor müssten irgendwo sein. Vielleicht dösen sie herum, und neben ihnen liegen Tausende anderer Tage. Sie erzählen sich gegenseitig, was bei ihnen so gelaufen ist, einige waren gut, andere weniger. Manche sind schon zwanzig Jahre alt oder noch mehr.

Zweistein könnte versuchen, den Tag, der gerade vergangen ist, zu finden, dann würde er sich bei ihm bedanken. Im Moment fühlt er sich zu träge, um loszulaufen, doch heute Abend, wenn es kühler ist, wird er es tun. Wahrscheinlich wird er etwas länger suchen müssen nach dem Tag, der ein guter Tag für ihn war. Aber Zweistein ist ein guter Finder.

Kopfstand

Am Anfang hat Zweistein nur zehn Sekunden durchgehalten. Dann schaffte er eine Minute, jetzt kann er locker eine Viertelstunde. Wenn er im Wohnzimmer auf dem Kopf steht, sieht er Frau Fourgés Beine ganz nahe, ihre weißen runden Waden und die rot lackierten Zehennägel. Er sieht die Tischbeine und die Beine von den Stühlen, zwanzig insgesamt. Wenn er Krümel im Teppich findet, versucht er, sie mit der Zunge aufzulecken, das sind die Kopfstandkrümel. Das erste Mal hat sich Frau Fourgé erschreckt, als sie Zweistein auf dem Kopf gesehen hat. Aber dann hat sie sich an den Anblick gewöhnt.

Meistens übt Zweistein im Park. Hier hat er gelernt, auf dem Kopf zu stehen. Er hat die Menschen genau beobachtet, die früh am Morgen kommen, ihre Matten auf die Wiese legen und die Beine in die Luft schwingen. Dann hat er es selbst probiert. Von Tag zu Tag ist er immer seltener ins Gras gekugelt. Inzwischen würde Zweistein jeden Wettbewerb im Katzen-Kopfstand gewinnen. Wenn er auf dem Kopf steht, wachsen ihm die Grashalme in die Nase und kitzeln ihn. Er kann die Blätter der Gänseblümchen zählen, gelegentlich marschiert ein Käfer oder eine Ameise an seinen Schnurrbarthaaren vorbei.

Zweistein hat einen Busch gefunden, der ihn ein bisschen verdeckt und von wo er alles gut beobachten kann. Er schwingt sich in den Kopfstand und sieht sich die Beine der Menschen an: dünne, dicke, weiße, schokoladenfarbene, welche mit blauen und roten Adern. Zweistein findet es lustig, so viele Beine zu sehen, die ständig in Bewegung sind. Dann fällt ihm etwas ein: Was wäre, wenn alle Beine auf der Welt plötzlich stoppen müssten? Sie könnten nicht zur Arbeit gehen, durch den Supermarkt laufen oder Fußball spielen. Die Menschen müssten in die Luft schauen und warten, bis es vorbei ist, wie bei einem Stromausfall. Er selbst müsste natürlich im Kopfstand bleiben. Je länger die Beine still stehen würden, umso wütender wären die Menschen. Einige würden mit den Armen herumfuchteln und mit den Augen rollen. Manche würden sich gegenseitig einen Vogel zeigen, aber keiner könnte auf den anderen losgehen. Zweistein schließt nicht aus, dass er selbst auch irgendwann genervt wäre, es ist anstrengend, wenn immer mehr Blut in den Kopf strömt. Trotzdem würde er das für den Bein-Stillstand in Kauf nehmen.

Zweistein muss jetzt grinsen und schüttelt sich. Sanft fällt er zurück auf seine Füße.

Umtauzchen

Frau Fourgé tauscht häufig etwas um. Sie fährt los zum Einkaufen, kommt mit ein paar Tüten zurück und dreht sich mit ihren neuen Sachen vor dem Spiegel. Meistens sagt sie nach kurzer Zeit: »Ich muss noch mal los.« Wenn sie schließlich wieder da ist, hat sie ein rosa T-Shirt gegen ein rotes umgetauscht, eine kleine Jacke gegen eine etwas weniger kleine, ein Unterhemd mit Spitze gegen ein Unterhemd ohne Spitze. Zweistein fragt sich jedes Mal, warum sie nicht gleich die etwas weniger kleine Jacke gekauft hat und ob der Unterschied zwischen rot und rosa so groß ist. Frau Fourgé hat auch schon ihre Haarfarbe umgetauscht, eines Tages kam sie mit dunkelroten Haaren nach Hause, dabei hat sie braune. Die roten Haare haben ihr wohl nicht so gut gefallen, denn sie hat sie bald gegen hellbraune umgetauscht. Offenbar ist es schwieriger, Haare umzutauschen als Unterhemden, denn es hat länger gedauert, bis Frau Fourgé wieder da war.

Zweistein versteht nicht, warum Frau Fourgé so viel umtauscht. Wenn er mit einem roten Wollknäuel spielt, käme er niemals auf die Idee, es gegen das grüne Knäuel einzutauschen, das in der Kommode liegt. Er zerrt an dem Knäuel und konzentriert sich auf die Fäden. Müsste er über andere Farben nachdenken, würde er sich nur verheddern. Er würde sich auch niemals ein anderes Fell wünschen. Seines ist dunkelgrau, weil er so auf die Welt gekommen ist, andere Katzen sind braun oder weiß oder karamell oder gemischt. Zweistein hat niemals eine Katze mit umgetauschtem Fell gesehen.

Wahrscheinlich gibt es Menschen, die sogar ihren Kopf umtauschen würden, weil er ihnen nicht gefällt, denkt Zweistein. Sie würden ihren Kopf, den sie hässlich finden, gegen einen schönen Kopf umtauschen. Dann würden sie sich schnell an den schönen Kopf gewöhnen und wieder etwas umtauschen wollen. Sie hätten gern neue Füße, weil die, die sie haben, platt sind. Mit ihrem schönen Kopf und den Füßen, die nicht platt sind, wären sie aber immer noch nicht zufrieden. Sie würden am liebsten ihr ganzes Leben umtauschen. Und dann ist es vielleicht schon vorbei.

Eine Kleinigkeit würde Zweistein, wenn er ehrlich ist, aber doch gern umtauschen. Frau Fourgé stellt ihm meistens Wasser hin, Zweistein mag Milch viel lieber. Frau Fourgé meint, Milch sei nicht gut für Katzen. Wieso ist Milch nicht gut, wenn er sie doch so gern mag? In diesem Fall würde er Frau Fourgé gegen Frau Gregor eintauschen wollen, sie gibt ihm immer eine große Schüssel Milch. Aber nur in diesem Fall.

Der Geist des Computers

Frau Fourgé nennt es Maus. Obwohl das flache weiße Teil nur entfernt an eine Maus erinnert und nicht essbar ist. Auf der Vorderseite ist ein angebissener Apfel aufgemalt. Wenn Frau Fourgés Hand auf der Maus liegt, ist sie für längere Zeit nicht ansprechbar. Sie sagt, dass sie sich mit der »Katzen-Community« austauscht, was auch immer sie damit meint. Zweistein versucht den kleinen Pfeil zu jagen, der auf dem Bildschirm herumwuselt, aber es klappt nicht; zwischen seiner Pfote und dem Pfeil ist eine Wand. Zweistein findet, dass Frau Fourgé viel Computer-Zeit verbringt, aus der sie gern mehr Zweistein-Zeit machen könnte.

Wenn Frau Fourgé das Wohnzimmer verlässt, legt sich Zweistein auf die Tastatur, und dann erscheinen plötzlich Reihen mit vielen Zeichen auf dem Bildschirm. Er bewegt so lange seine Beine, bis der Bildschirm voll ist. Manchmal schläft Zweistein auf dem Computer ein, er ist warm wie eine Heizung.

Eines Tages ist der Computer kaputt. Frau Fourgé meint, es sei wahrscheinlich Zweisteins Schuld,

weil er ständig auf dem Computer schläft. Dadurch
seien Katzenhaare durch die Ventilatoren ins Innere
gekommen. Wenn zu viele Haare im Computer sind,
gibt er »seinen Geist auf«, wie sie sagt. Zweistein
wusste gar nicht, dass Computer einen Geist haben.
Wo der Geist jetzt wohl geblieben ist? Vielleicht trifft
er sich mit anderen Computergeistern, die ebenfalls aufgegeben worden sind. Dann erzählen sie
sich, wer auf ihnen herumgehackt hat und welche

Geschichten auf dem Bildschirm schnell wieder gelöscht wurden. Damit könnten die Computergeister ganze Bücher füllen.

Zweistein versteht nicht, wieso ein Computer so empfindlich ist, dass er nicht mal ein paar Katzenhaare verträgt. Warum werden überhaupt Computer gebaut, wenn sie nichts abkönnen? Er selbst schluckt ständig Haare, weil er sich leckt, und irgendwann spuckt er sie wieder aus. So einfach ist das. Der Computer kann das offenbar nicht. Er muss sich aber auch nicht lecken, weil er völlig kahl ist.

Frau Fourgé meint, dass sie sich einen neuen Computer kaufen muss. Zweistein dürfe aber nie wieder darauf schlafen. Zweistein kann Frau Fourgé verstehen. Kein einziges Katzenhaar wird in Computer Nr. 2 kommen. Dafür wird er ein bisschen an dem Kabel herumkauen. Das hat er bis jetzt nicht getan. Wenn er lange genug knabbert, wird sich irgendwann auch dieser Geist von seinem Computer verabschieden müssen. Für Computer Nr. 3 wird ihm ebenfalls etwas einfallen. Notfalls wird er Kordon fragen, der könnte bestimmt ein kleines Teil aus der Nr. 3 ausbauen. Vielleicht kann er es in das neue Radio, das bei ihm zu Hause in der Küche steht, wieder einbauen.

Schatzkarte

Auf dem Küchentisch steht ein Teller mit zwei dicken Scheiben Emmentaler. Zweistein mag Käse, Emmentaler besonders. Er wundert sich immer über die Löcher. Ob Frau Fourgé sie hineingebohrt hat, damit er nicht so viel Käse frisst? Aber er glaubt das nicht. Frau Fourgé ist großzügig und stopft ihn immer ziemlich voll, sie ist Französin und liebt gutes Essen. Wozu sind die Löcher bloß da? Wenn jemand nichts zu essen hat, überlegt Zweistein, ist das so, als würden Käselöcher auf seinem Teller liegen. Also ist es besser, einen Emmentaler mit Löchern zu haben als gar keinen Käse. Die Löcher erinnern ihn daran, dass er den Käse genießen soll. Zweistein beschließt, sich beim Essen Zeit zu lassen.

Nachdem er eine Scheibe verzehrt hat, schaut er sich in aller Ruhe die andere an. Die Käsescheibe ist wie ein Bild, da sind kleine Flüsse und Täler zu sehen. Plötzlich fällt ihm etwas ein: Womöglich ist die Scheibe eine Schatzkarte, und da, wo die Löcher sind, sind   Schätze vergraben, dann wären die Löcher   sozusagen Gold wert. Die Erde ist voll   von Schätzen, man müsste nur wissen,   wo sie sind. Jeden Tag trampeln wir auf dem Boden herum und wissen gar nicht, was darunter los ist, denkt Zweistein. Er muss jetzt herausfinden, wo der Ausschnitt ist, zu dem die Käse-Landschaft passt. Sorgfältig wird er die Umgebung absuchen, nach den passenden Flüssen und Tälern Ausschau halten. Sollte er einen Schatz finden, wird er Kordon bitten, ihn in hübsche Einzelteile zu zerlegen. Dann bekommen Gauß, Lisbeth und Kordon etwas ab.

Zweistein nimmt die Schatzkarte ins Maul, er darf jetzt nur nicht daran herumknabbern. Dann zieht er los.

Elsa

Im Sommer sitzt Elsa in ihrem Rollstuhl unter einer Weide und spielt stundenlang mit den Zweigen. Zweistein besucht sie häufig, Elsa wohnt in derselben Straße. Sie hebt den Kopf, wenn er kommt, und dann spielen sie gemeinsam mit den Blättern. Im Garten gegenüber schreien Kinder und lachen laut. Elsa scheint sie nicht zu hören, sie reagiert nicht. Zweistein ist sich nicht sicher, ob sie überhaupt etwas hört. Nur wenn er schnurrt, rutscht sie ganz leicht in ihrem Rollstuhl hin und her. Elsa kann auch nicht sprechen, zumindest hat er nie etwas gehört. Dafür macht sie seltsame Laute, es klingt wie Gurgeln, das Gurgeln des Meeres. Vielleicht kommt Elsa aus dem Meer, denkt Zweistein. Sie ist nicht behindert, sondern findet sich hier nur nicht zurecht, weil sie eigentlich ein Wasserwesen ist. Elsa hat lange blonde Haare, eine helle Haut, dünne Arme und Beine. Wenn sie mit ihren Eltern ans Meer fährt, verschwindet sie womöglich eines Tages in den Fluten, denkt Zweistein.

Nach einer Weile hat er genug von den Weidenblättern und springt auf Elsas Schoß. Sie streichelt ihn, ganz sanft, und häufig schläft er darüber ein. Zweistein ist sonst nicht so anschmiegsam, nicht einmal bei Frau Fourgé. Er denkt gar nicht daran einzuschlafen, nur weil er ein bisschen getätschelt wird. Wann er schlafen will, entscheidet immer noch er. Bei Elsa ist es anders. Er liegt auf ihrem Schoß und gerät in einen Schwebezustand, so als würde er ein bisschen abheben. Sein Kopf wird ganz leicht, kein einziger Gedanke springt mehr darin herum. Wenn er aufwacht, rollt Elsa immer noch Weidenblätter um ihre Finger. Er streckt sich, lässt sich auf den Boden gleiten und schlägt mit dem Schwanz gegen ihre Beine. Elsa versucht, seinen Schwanz zu packen, aber Zweistein ist schneller. Dann krallt er sich einen langen Weidenzweig, Elsa greift danach, hält den Zweig fest und lacht.

Katzenpilz

Zweistein ist froh, dass er wieder zu Hause ist. Er sitzt in seinem Korb und beschließt, Frau Fourgé nie wieder zum Tierarzt zu begleiten. Soll sie doch allein gehen!

Der Arzt, ein kleiner Mann mit schnellen Händen, hat zur Begrüßung gesagt: »Na, du kleines Monster, wie geht es uns denn?« Wieso Monster? Und wieso uns? Er muss doch wissen, wie es ihm geht. Dann hat er Zweistein auf seinem Tisch von oben bis unten untersucht, vor allem die Haut und die Krallen. Dabei sagte er etwas wie Miekro, Triecho, Dermatofüt und Dermatomük, und Frau Fourgé hat dazu genickt. Ob sie alles verstanden hat? Zweistein hat nichts kapiert. Er mochte es gar nicht, dass ein Fremder so lange an ihm herumfummelt, und hat versucht abzuhauen. Aber der Arzt hat ihn so fest gehalten, als wären seine Hände Zangen, und ganz viele Haare aus ihm herausgebürstet. Zu Frau Fourgé meinte er, Zweistein habe seinen Kopf für sich. Was denn sonst? Geht man etwa zum Tierarzt, damit man hinterher seinen Kopf nicht mehr für sich hat? Dann hat der Arzt seine Mundwinkel mühsam nach oben gezogen und verkündet: »Da ist nichts.« Vorsichtshalber müsse er aber noch Zweisteins Haare untersuchen lassen. Frau Fourgé war glücklich und hat Zweistein umarmt, während der Arzt die Tür weit aufgerissen hat. Zum Abschied sagte er »Bis zum nächsten Mal«, Zweistein hat gedacht: niemals.

Zu Hause fragt sich Zweistein, warum Frau Fourgé überhaupt mit ihm zum Arzt gegangen ist, wenn er doch nichts hat. Frau Fourgé erklärt ihm, dass Katzen manchmal von Pilzen befallen werden. Zweistein wundert sich, er kennt nur die Pilze mit runden Köpfen, manche sind rot mit weißen Punkten. Frau Fourgé sagt, dass Pilze auch eine Krankheit sein können, die Zweistein aber glücklicherweise nicht hat. Zweistein denkt, das hätte er auch so gewusst, es wäre ihm bestimmt aufgefallen, wenn er so ein Ding im Fell sitzen hätte.

Frau Fourgé streift ihren Rock hoch und zeigt Zweistein eine Stelle auf ihrem rechten Oberschenkel. Kleine Pusteln und drum herum ein roter Kreis, wie von einem Kind gemalt. »Katzenpilz«, sagt sie, sie müsse sich ständig kratzen und Salbe auftragen.

Möglicherweise komme der Pilz von einer anderen Katze. Oder doch von Zweistein, dann wäre er ein stiller Träger.

Zweistein begreift überhaupt nichts von dem, was Frau Fourgé ihm erzählt. Was ist ein stiller Träger? Das klingt, als würde er ein Geheimnis mit sich herumtragen. Immerhin versteht er, dass der Kreis mit den Pusteln auf Frau Fourgés Bein juckt, und dass er froh sein kann, keinen Kreis zu haben. Am besten wäre, denkt er, der Pilz würde auf direktem Weg von Frau Fourgés Bein auf das Bein des Tierarztes wandern. Zweistein schließt die Augen. So heftig hat er sich lange nichts mehr gewünscht.

Die Fliege

Ohne Pause sirrt sie um seinen Kopf herum. Zweistein lässt sie nicht aus den Augen. Dann setzt sie
sich direkt vor ihm auf die Mauer, die Flügel glän-
zen in der Sonne. Eine bessere Chance gibt es nicht.
Zweistein schlägt blitzschnell zu, aber die Fliege
schwirrt schon wieder durch die Luft. Zweistein
wird wütend. Er kann es mit jeder Maus aufnehmen, warum nicht mit diesem verflixten Vieh? Ganz
ruhig, Zweistein. Er wartet. Die Fliege setzt sich auf
seinen Schwanz, er schüttelt sie ab. Sie lässt sich auf
seiner rechten Pfote nieder, was Zweistein ziemlich
unverschämt findet. Vorsichtig hebt er die Pfote, die
Fliege krabbelt darunter – wie dumm sie ist, denkt
Zweistein. Er muss jetzt nur noch zudrücken. Einen

Moment schaut er in die Sonne, er möchte die Vor-
freude auf seinen Triumph auskosten. Dann senkt
er die Pfote und presst sie gegen die Mauer. Ganz
langsam hebt er sie wieder. Nichts. Neben seinem
rechten Ohr hört er das vertraute Summen.

Zweistein denkt nach. Ein Tier, das viel kleiner
ist als er, hat es geschafft, ihn eine halbe Ewigkeit
zu ärgern. Er hat versucht, das Tier um die Ecke zu
bringen, aber es ist ihm nicht gelungen. Ihm bleibt
jetzt nur, die Fliege zu ignorieren. Richtig zufrieden
wäre er, wenn sie sich darüber ärgern würde. Aber

Fliegen sind zu dumm, um sich zu ärgern, denkt Zweistein. Und er merkt, wie er sich darüber ärgert, dass sich die Fliege nicht ärgert. Dann stutzt Zweistein. Warum ärgert er sich überhaupt? Wenn er wollte, könnte er sich den ganzen Tag über irgendetwas ärgern. Über Autos, Wichtigtuer, Stacheldraht, Dauerregen, über sich selbst und darüber, dass er sich ärgert. Das wären dann der Auto-Ärger, der Wichtigtuer-Ärger, der Stacheldraht-Ärger, der Dauerregen-Ärger, der Ich-Ärger und der Ärger-Ärger. Abends könnte er dann überlegen, worüber er sich eigentlich nicht geärgert hat. Die Fliege ärgert sich über gar nichts.

Zweistein beschließt, sich heute nicht mehr zu ärgern und die nächsten Tage auch nicht. Er will versuchen, den Ärger einzusparen. Wo der Ärger dann bleibt, weiß Zweistein auch nicht. Der Ärger könnte sich jemand anderen als Opfer suchen. Der womöglich ebenfalls keine Lust hat sich aufzuregen. Irgendwann gäbe es für den Ärger dann keine Verwendung mehr. Zweistein legt sich auf die Mauer, spürt die Sonne auf seinem Fell und rührt sich nicht. Soll die blöde Fliege doch kommen, ihm ist es egal. Aber die Fliege kommt nicht mehr.

Lange Weile

An den meisten Tagen des Jahres ist Zweistein zufrieden. An einigen ist er sogar glücklich. Das sind zum Beispiel die Tage, an denen er sich langweilt. Normalerweise langweilt sich Zweistein nicht. Er ist viel unterwegs, irgendetwas findet er immer, das seine Aufmerksamkeit weckt, und wenn es ein altes Osterei ist, mit dem er ein bisschen jongliert, bis es weich geworden ist. Manchmal hat Zweistein jedoch keine Lust herumzulaufen. Er sitzt auf dem Dach des Gartenschuppens und langweilt sich. Die Sonne steht hoch am Himmel, es riecht nach warmem Holz, Zweistein liebt den Duft. Wenn sein Freund Kordon vorbeikommt und ihm einen zerstückelten Rattenschwanz zeigen möchte, ist Zweistein wortkarg. »Bitte störe mich nicht, Kordon, ich langweile mich gerade.« – »Freust du dich nicht über Gesellschaft?«, fragt Kordon.

»Heute nicht, Kordon«, sagt Zweistein, und die junge Katze zieht beleidigt ab.

Als Kind hat sich Zweistein häufig gelangweilt. Manche Nachmittage wollten nie enden, die Sonne bewegte sich nicht von der Stelle. Damals fühlte sich die Langeweile ein bisschen klebrig an, wie verschütteter Kirschsaft. Heute ist das Gefühl anders. Wenn sich Zweistein langweilt, hat er die Augen halb geschlossen und sieht nur wenig von der Welt. Im Gebüsch raschelt etwas, er könnte losspringen und nachschauen, doch er lässt es sein. Er könnte sich Thunfisch bei Frau Fourgé abholen, er könnte zu Kordon laufen und ihm sagen, dass er sich zu Ende gelangweilt hat. Aber er tut es nicht. Aus dem Augenwinkel sieht er auf der Mauer Lucy balancieren, die alte Angeberin. Stundenlang putzt sie an sich herum, und dabei schielt sie zu Zweistein herüber, ob er ihr auch zuschaut beim Putzen. Zweistein schließt die Augen und hofft, dass sie ihn nicht entdeckt. Er möchte sich in Ruhe weiter langweilen. Er weiß nicht, was er heute noch tut, was er fressen wird, wen er trifft. Es ist ihm egal. Und er genießt, dass es ihm egal ist.

Machu Picchu

Max steht häufig auf dem Hochsitz am Waldrand. Mit den Händen hält er ein Fernglas, das er in den Himmel gerichtet hat. Max sagt, er schaue den Wolken hinterher, wie sie über die Felder, dann nach England und weiter über den Atlantik ziehen. Oder ganz weit weg, nach Südamerika. Max hat Zweistein sein Fernglas einmal vor die Augen gehalten und ihn erwartungsvoll angeblickt. Zweistein hat überhaupt nichts gesehen, nur Nebel, er war froh, als Max das Ding wieder an sich genommen hat. Ob der Junge wirklich über den Atlantik schauen kann?

Max hat seltsame tiefblaue Augen. Mit dem linken fixiert er Zweistein, das rechte blickt in die Ferne. So als wären beide Augen voneinander losgekoppelt. Zweistein hat am Anfang Zeit gebraucht, um sich an Max' schiefe Augen zu gewöhnen, er wusste nie, in welches Auge er blicken sollte. Jetzt weiß er, dass er in das nahe Auge schauen muss, das ferne beachtet er gar nicht mehr. Er wundert sich, dass Max so viel Welt auf einmal in sich aufnehmen kann. Zweistein wäre das zu viel.

Hin und wieder erzählt Max von Peru, von Machu Picchu, einer alten Stadt hoch in den Bergen, die vor mehr als einem halben Jahrtausend erbaut wurde. Dabei sieht er Zweistein mit dem linken Auge an, das rechte blickt nach Südamerika. Eines Tages wird er nach Machu Picchu fahren, sagt Max. Zweistein denkt, dass Max vielleicht niemals fahren wird, sondern lieber auf dem Hochsitz steht und mit dem rechten Auge reist. Damit er selbst bestimmen kann, was er sieht, und nicht enttäuscht wird.

Machu Picchu, sagt Max, ist eine Stadt in den Wolken, manchmal ist sie überhaupt nicht zu sehen. Es gibt dort einen heiligen Stein, den Intihuatana. Früher hielten die Menschen Zeremonien ab, damit der Stein die Sonne an sich bindet. Sie wussten nicht, ob die Sonne überhaupt zurückkommt, wenn die Tage im Winter immer kürzer werden. Deshalb sollte der Intihuatana die Sonne zurückholen, erklärt Max. Auch heute wird dem Stein große Kraft zugeschrieben: Schließt man die Augen und hält die Hände darüber, spürt man ein Kribbeln, weil er voller Energie ist.

Zweistein überlegt, ob das auch für Katzen zutrifft. Er müsste seine Pfoten probeweise über den Stein halten. Aber warum sollte er dafür Tausende von Kilometern reisen? Schon wenn er in fünf Metern Entfernung eine Maus sieht, kribbelt es in seinen Pfoten.

Paul Klees Katze

Zweistein hat das Bild noch nie gemocht. Es hängt im Wohnzimmer über der Kommode. Nur ein Gesicht ist zu sehen, ein Katzengesicht. Sie hat riesige blaugrüne Augen und lange Schnurrbarthaare. Der Mund ist ein kleines Herz, Zweistein findet es albern. In der Mitte der Stirn sitzt ein kleiner Vogel. Offenbar hat die Katze es auf ihn abgesehen.

Frau Fourgé sagt, dass Paul Klee das Bild gemalt hat und dass Paul Klee Katzen mag. Wer auch immer das ist, denkt Zweistein. In der Straße gibt es keinen, der so heißt, das weiß er. Zweistein findet, dass die Katze grimmig dreinschaut. Er wüsste gern, wie ihr Körper aussieht, vielleicht ist sie richtig fett. Zweistein ist froh, dass die Katze auf dem Bild bleibt und nicht in der Wohnung herumläuft, das gäbe bestimmt Streit.

Wozu hängt Frau Fourgé eine Katze an die Wand, die Gier-Augen hat und hässlich ist? Sie hat doch Zweistein, eine echte Katze. Er versteht das nicht. Wenn überhaupt, könnte Frau Fourgé ihn, Zweistein, malen lassen und das Bild, schön gerahmt, an die

Wand hängen. Zweistein weiß allerdings nicht, ob er Lust hätte, als Modell stundenlang still zu sitzen.

Wenn Frau Fourgé nicht da ist, springt er auf die Kommode, streckt sich so weit er kann und kratzt mit den Vorderpfoten an dem Bild herum. Vor dem Essen, wenn er Hunger hat, ist er besonders aktiv. Das Herz und die Schnurrbarthaare sind schon etwas abgeschabt. Zweistein hofft, dass er noch etwas wächst, dann kommen irgendwann die Augen dran. Bis jetzt hat Frau Fourgé offenbar nichts gemerkt. Irgendwann wird von der Katze nicht mehr viel übrig sein, denkt Zweistein. Dann wird auch Frau Fourgé kapieren, was los ist. Paul Klee würde wahrscheinlich richtig wütend werden, wenn er davon erfährt. Zweistein hofft, dass Frau Fourgé nicht petzt. Am besten wäre, das Bild fiele einfach von der Wand. Kaputt, nicht mehr zu reparieren.

Als Zweistein eines Abends nach Hause kommt, ist das Wohnzimmer umgeräumt. Er war länger draußen gewesen als sonst und wollte vor dem Essen noch ein bisschen an der Katze herumkratzen. Er

kommt nicht
ran. Die Kommode
steht jetzt woanders, und Paul
Klees Katze hat eine ganze Wand für sich.
Ob Frau Fourgé doch etwas gemerkt hat? Er wird so
tun, als ginge ihn das alles nichts an.

Zweistein setzt sich auf den Boden und schaut
sich das Bild in Ruhe an. Zum ersten Mal denkt er,
dass Paul Klees Katze ein bisschen traurig aussieht.
Eigentlich ist sie sogar eine arme Wurst, weil sie
immer an der Wand herumhängen muss. Und von
dem Vogel kann sie lange träumen, sie bekommt ihn
doch nicht. Wie gut, dass er seine Krallen nicht mehr
abnutzen muss, um an ihr herumzuschaben. Sie
kann sich ja selbst kratzen – wenn sie es schafft.

Wassermusik

Normalerweise klagt Frau Fourgé wenig. Nur beim Wetter macht sie eine Ausnahme. Wenn es heiß ist, stöhnt sie, sie könne nicht atmen, wenn es kalt ist, sagt sie, sie wolle in den Süden auswandern. Zweistein ist sich nicht sicher, was sie damit meint und ob er dann mit auswandern soll. An manchen Tagen sagt sie auch, das Wetter sei nicht Fisch noch Fleisch, und Zweistein findet das bedauerlich, da er beides mag. Er hat das Gefühl, Frau Fourgé beschwert sich genauso regelmäßig, wie sie Zähne putzt oder Gymnastik macht. Möglicherweise gibt es so etwas wie einen Klage-Muskel, und damit er nicht schlaff wird, trainiert sie ihn jeden Tag. Zweistein hat beobachtet, dass viele Menschen ihren Klage-Muskel regelmäßig betätigen. Vielleicht wollen sie nicht, dass es ihnen zu gut geht, dann könnten sie ja unangenehm auffallen.

Zweistein ist froh, dass er keinen Klage-Muskel braucht. Vielleicht kommt das ja noch, wenn er älter wird. Hoffentlich nicht, denkt er. Zweistein genießt es, in der Sonne zu liegen und zu spüren, wie sein Fell die Wärme speichert. Bei Regen bleibt Zweistein zu Hause, er mag es nicht, wenn seine Haare nass werden. Er sitzt auf der Fensterbank und beobachtet, wie die Regentropfen in kleinen Bächen an der Scheibe herunterlaufen. Manchmal bleibt ein Tropfen einen Augenblick hängen, dann läuft er schnell weiter, bis er unten am Fensterrahmen ankommt. Vielleicht laufen die Tropfen um die Wette? Zweistein stellt sich vor, dass sie Musik machen, Wassermusik, aus kurzen, getupften Tönen. Wenn ein kleiner Tropfen auf die Scheibe trifft, gibt es einen hellen Ton, ist der Tropfen dicker, wird der Ton dunkler. Die Töne kommen in schneller Folge, zusammen geben sie ein Konzert, bunt und ein bisschen chaotisch. Zweistein hört stundenlang Wassermusik.

Leider kommt Frau Fourgé irgendwann ins Wohnzimmer gestürmt. Sie ruft, dass das ja nie aufhört mit dem Regen, und schnaubt durch die Nasenlöcher wie ein Pferd. Zweistein ärgert sich, dass sie ihn bei seiner Musik gestört hat. »Mein armer Zweistein, du langweilst dich«, sagt Frau Fourgé und streichelt ihn. Zweistein überlegt, ob er sie jetzt einmal richtig kratzen soll, bis aufs Blut. Dann hätte sie wirklich einen Grund zu klagen. Aber er lässt es bleiben. Am Ende darf er sonst nicht mit, wenn Frau Fourgé doch noch auswandern will.

Der schöne
Eurasier

Casimir sieht aus wie ein kleiner Löwe. Hellbraunes, buschiges Fell, auch das Gesicht von einer dichten Mähne umrahmt, kleine dunkle Augen. Wenn er ausgeführt wird, bleiben Kinder häufig stehen und wollen ihn streicheln. Frau Fourgé sagt, Casimir sei ein Eurasier, und das klingt sehr fein, wie sie das betont.

Zweistein findet, dass Casimir ziemlich dumm ist. Zwar ist er nicht so dumm, dass er ständig hinter seinem eigenen Schwanz herläuft, den er doch nie bekommt. Viele Hunde machen das, und es sieht aus, als würden sie mit sich selbst Karussell fahren.

Casimir ist anders dumm. Er bellt jedes Mal wie verrückt, wenn Frau Fourgé in ihren Garten geht, als sei sie eine Einbrecherin. Dabei kennt er sie seit Jahren. Was Zweistein betrifft, pflegt Casimir höflichen Respekt. Er bellt auch nicht, wenn Zweistein in den Garten kommt. Zweistein ist froh, dass er sich nicht mit ihm streiten muss.

Dass Casimir ein bisschen dumm ist, scheint die Radtkes, seine Besitzer, nicht zu stören. Er bekommt deshalb auch nicht weniger zu fressen, eher im Gegenteil. Vielleicht strengt sich Casimir gar nicht erst an, ein bisschen nachzudenken, weil alle meinen, er sei so hübsch. Und das reicht ihm völlig aus. Oder aber Casimir merkt gar nicht, dass er dumm ist. Er ist sehr zufrieden mit sich und martert seinen Kopf nicht mit unnötigen Fragen. Wie es Zweistein manchmal tut. Dann wäre Casimir im Grunde sogar klug, klüger als Zweistein. Wahrscheinlich denkt er auch gar nicht darüber nach, was Zweistein denkt. Und was er nicht denkt. Zweistein ist jetzt etwas verwirrt, das passiert ihm selten.

Eine Taube flattert plötzlich auf, und Casimir bellt aus Leibeskräften. Unnötig, Casimir, denkt Zweistein, Energieverschwendung. »Braver Hund«, sagt jetzt Herr Radtke, der Nachbar. Und Casimir stolziert zufrieden mit ihm ins Haus.

Frau Gregor hat Zweistein von Sternschnuppen erzählt. Im Sommer fallen sie rasend schnell vom Himmel. Wer eine Sternschnuppe sieht, kann sich etwas wünschen, allerdings darf er seinen Wunsch nicht verraten. Zweistein überlegt, was sich Frau Gregor wünschen würde. Wahrscheinlich, dass sie nicht so viel vergisst. Bis jetzt hat das Wünschen bei ihr nicht geholfen. Als es neulich regnete, hatte sie sogar vergessen, dass Sommer ist, und Zweistein gefragt, ob sie wohl weiße Weihnachten bekommen.

Seit Frau Gregor Zweistein von den Sternschnuppen erzählt hat, schaut er abends noch häufiger in den Himmel. Er weiß, was er sich wünschen würde. Er hofft, dass Lisbeth ebenfalls in den Himmel schaut und auf eine Sternschnuppe wartet. Das Beste wäre, sie würden dieselbe Sternschnuppe sehen und denselben Wunsch haben. Dann sollte eigentlich alles klargehen.

Wohin verschwinden die Sternschnuppen eigentlich mit all den Wünschen, die sie mitbekommen, denkt Zweistein. Vielleicht gibt es irgendwo

offt auf eine Sternschnuppe

einen geheimen Sternschnuppen-Treff, wo sich alle austauschen. Vermutlich sind es mehr oder weniger die gleichen Wünsche, die sie zu hören kriegen. Menschen wollen möglichst alles haben, Geld, Glück und Gesundheit, am besten auf einmal. Einige sind bescheidener und wollen nur ein neues Handy. Frau Fourgé wischt auch ständig auf so einem Ding herum, und jetzt ist es vom vielen Wischen kaputtgegangen. Kleine Kinder wollen natürlich Katzen, kleine Katzen. Und Katzen? Fette Fische oder eben so etwas, wie es sich Zweistein wünscht. Was auch nicht ganz wenig ist.

Zweistein ist sich nicht sicher, ob die Sternschnuppen alle Wünsche berücksichtigen können. Er stellt sich ein großes Feld vor, auf dem viele unerfüllte Wünsche herumliegen. Vielleicht werden zumindest einige davon erhört. Irgendeinen Sinn muss es ja haben, dass die Sternschnuppen vom Himmel fallen.

Osterfeuer

Zweistein freut sich jedes Jahr, wenn das Osterfeuer entzündet wird. Er schaut in die Flammen, die viel höher sind als er selbst, und hält zur Sicherheit Abstand. Die Menschen stehen um das Feuer herum und starren in die Flammen, sie reden nicht viel, das Feuer macht sie still. Der Rauch beißt ein bisschen in den Augen. Immer wieder knackt es, als wären Geister unterwegs. Zweistein schaut den Funken hinterher, wie sie hoch in die Luft fliegen und irgendwann ganz verschwinden. Wie weit sie wohl kommen? Sie sind wie Sternschnuppen, denkt Zweistein, nur andersherum. Wenn es Lebewesen auf anderen Planeten gibt, können sie die Funken für Erdschnuppen halten.

Zweistein beobachtet die Flammen, die in der Luft tanzen und das Holz wegfressen. Eine der Flammen sieht aus wie eine Maus, sie wächst und wächst. Ihre Ohren sind jetzt riesengroß, der Schwanz ist so lang wie eine Wäscheleine. In ihrer Nähe züngelt eine kleine Katzen-Flamme. Die Maus faucht bedrohlich über ihr. Es ist nur eine Frage der Zeit, wann sie die

Katze gefressen hat. Zweistein ärgert sich, dass die Katze sich nicht wehrt.

Er stellt sich vor, wie eine Maus, die er jagt, plötzlich zu einer Riesenmaus wird. Am Ende wäre sie groß wie ein Elefant, und er würde schnell abhauen müssen. Zweistein mag die Vorstellung gar nicht, er findet, Mäuse haben klein zu sein. Warum sind Mäuse eigentlich so winzig und Katzen so groß? Im Vergleich zu Elefanten sind Katzen allerdings Kleingetier.

Eigentlich, denkt Zweistein, hat er es ganz gut getroffen mit seiner Größe. Er hätte ja auch als Floh enden können. Aber vielleicht wäre er als Floh der Meinung, dass er es gar nicht so schlecht getroffen hat, weil er sich in einem warmen Fell verkriechen kann und nur kurz zustechen muss, um etwas zu fressen zu kriegen. Möglicherweise sind selbst die Menschen der Meinung, dass sie es ganz gut getroffen haben, obwohl sie nur zwei Beine, eine kurze Zunge und wenig Haare haben. Frau Fourgé macht jedenfalls keinen unglücklichen Eindruck, häufig singt sie unter der Dusche.

Zweistein schaut in das Feuer, das jetzt weit heruntergebrannt ist. Die Maus, die eben noch riesig war, ist deutlich geschrumpft. Die Katze hat sich aus dem Staub gemacht. Oder die Maus hat sie doch noch erwischt.

Besuch

Eines Tages ist der Besuch einfach da. Keiner hat Zweistein gefragt, ob er das möchte. Céline, die Nichte von Frau Fourgé, ist aus Paris gekommen. Sie hat hellbraune lange Haare, ist etwas mollig und trägt ein Armband, auf dem kleine Hunde aufgemalt sind. Céline spricht sehr laut, französisch. Zweistein kennt das schon, Frau Fourgés Fernseher redet auch häufig französisch. Wenn Frau Fourgé und Céline sich unterhalten, klingt es, als würden sich die beiden Frauen ansingen. Zweistein versteht kein Wort, außer non. Ein anderes Wort, das sie häufig benutzen, ist uiiich. Zweistein rätselt, was es zu bedeuten hat. Er muss an das Geräusch von Luft denken, die aus einem Fahrradreifen entweicht.

Céline hat ihren Hund dabei, Frédéric, einen Dackel. Zweistein ist der Meinung, dass Dackel aussehen wie Wurst auf vier Beinen. Frédéric bellt aufgeregt zur Begrüßung, es klingt auch irgendwie französisch, hoch und etwas schrill. Er hat ein hellbraunes Fell und Knopfaugen, um den Hals trägt er ein blaues Band, auf dem Knochen aufgemalt sind.

Zweistein findet, dass sich Céline und Frédéric ähnlich sehen. Wenn Frédéric abends ausgeführt wird, legt Céline ihm eine karierte Wurstpelle um, sie selbst trägt eine karierte Jacke. In den Garten traut sich Frédéric nur selten, weil Casimir sofort anfängt zu bellen. In diesem Fall findet Zweistein Casimir sogar mal sympathisch. Frédéric versteckt sich ängstlich unterm Küchentisch, und Céline redet lange beruhigend auf ihn ein und sagt so was wie monpovrepüti. Man könnte meinen, Frédéric sei gerade gebissen worden und kurz vor dem Verbluten. Er jault französisch, das ist, als ob ein Teekessel pfeifen würde.

Frau Fourgé freut sich über die Gäste aus Paris. Sie sagt das so, als sei Frédéric, die Wurst, genauso wichtig wie Céline. Zweistein freut sich vor allem, dass sie Pâté mitgebracht haben, und hofft, dass Frédéric nichts davon abbekommt. Das blaue Halsband mit den Mäusen drauf, das sie für ihn ausgesucht haben, wird er niemals tragen. Notfalls würde er Frau Fourgé sogar in den Finger beißen.

Zweistein denkt darüber nach, warum Fremde plötzlich mit ihm unter einem Dach wohnen dürfen. Frau Fourgé sagt, es sei schön, die Familie zu Besuch zu haben. Ob der Dackel auch Familie ist, weil er Céline ähnlich sieht? Zweistein findet, dass Familie nicht automatisch etwas Gutes ist. Und Besuch schon gar nicht. Besuch heißt, dass plötzlich überall Koffer in der Wohnung herumstehen und liegen, Dosen mit Hundefutter, zerkaute Gummibälle. Allerdings darf man den, der zu Besuch kommt, nicht spüren lassen, dass man ihn nicht mag. Weil er Besuch ist. Wenn Zweistein nach Paris kommen würde, müsste Frédéric ihm alles zeigen und höflich zu ihm sein. Weil Zweistein Besuch ist. Zweistein möchte auf gar keinen Fall nach Paris und von einem höflichen Frédéric mit Hundeknochen-Halsband herumgeführt werden.

Frau Fourgé bittet Zweistein, Frédéric die Gegend zu zeigen, seine Lieblingsplätze. Céline zieht Frédéric die karierte Pelle an, sie meint, es sei ein wenig frisch draußen. Zweistein und Frédéric trotten auf die Terrasse. In dem Moment kommt Casimir aus dem Gebüsch geschossen, Zweistein bedankt sich im Geiste bei ihm. Frédéric rennt zurück ins Haus, Zweistein verschwindet hinterm Schuppen.

Er wird jetzt länger draußen bleiben. Mäuse gibt es genug. Und Schlafplätze auch. Max hat auf seinen Hochsitz einen alten Korb gestellt, in dem Zweistein sehr gut schlafen kann. Zweistein fühlt sich dort zu Hause. Nicht zu Besuch.

Der hohle Baum

Zweistein kriecht oft in die alte Trauerweide, sie ist innen hohl. Er zwängt sich durch ein Loch im Stamm und springt nach unten, von außen kann ihn dann keiner sehen. Es riecht nach Pilzen und Harz. Manchmal liegt etwas auf dem Boden, ein Osterei, eine Münze, eine alte Socke. Nach einiger Zeit sind die Sachen wieder verschwunden. Wo sie wohl bleiben? Vielleicht gibt es irgendwo ein riesiges Lager für verschwundene Dinge. Das wäre dann ein Verschwundhof, so wie es für tote Menschen einen Friedhof gibt. Frau Fourgé hat auch schon einiges verloren, zum Beispiel ihren blauen Handschuh.

Er ist bestimmt auf dem Verschwundhof gelandet und wartet, dass sein Bruder ihn abholt.

In der Trauerweide ist viel Platz, Zweistein kann sogar im Kreis laufen. Katzen sind wahrscheinlich nicht so hohl wie die Weide, denkt er. Es wäre kaum möglich, in ihn, Zweistein, hineinzukriechen, und raus käme man schon gar nicht. Höchstens Käfer oder Ameisen könnten das schaffen, allerdings hätte er sie ungern zu Besuch. Vielleicht liegen auch in ihm irgendwelche Dinge herum, von denen er nichts weiß. Eine Murmel, ein Stück zerbissener Gummiball, ein ausgefallener Zahn. Die Dinge könnten sich gern mal bei ihm melden.

Wenn man in jemanden hineinkriechen könnte, würde man ihn viel besser kennenlernen, überlegt Zweistein. Man könnte in seinem Kopf nachsehen, ob er sich die Mühe macht, länger nachzudenken, wie oft er gelogen, in wen er sich verliebt hat. Warum

wissen wir eigentlich so wenig, was andere in ihrem Kopf haben? Stattdessen rätseln wir stundenlang darüber, was ein zusammengekniffenes Auge zu bedeuten hat, und am Ende lag es nur an der Sonne. Vor lauter Nachdenken kneifen wir dann selbst ein Auge zu, und ein anderer fragt sich, was mit uns los ist. Zweistein würde gern in Lisbeth hineinkriechen, um zu erfahren, was sie von ihm hält.

Neulich hat er in der hohlen Weide den Duft von Lisbeth geschnuppert: Pfingstrose und Lindenblüten. Zweistein kennt ihren Duft sehr gut. Sie turnt häufig in den Linden herum. Aber wer weiß, ob sie allein war. Es gab noch einen anderen Geruch: saure Gurken. Paulchen, der schwarze Kater mit den kurzen Schnurrbarthaaren, riecht so. Er streift häufig dicht um Lisbeth herum, was sich Zweistein niemals trauen würde. Ob Lisbeth auf saure Gurken steht? Vielleicht mag sie Kater, die ihr auf den Pelz rücken und nicht so viel nachdenken wie Zweistein.

Zweistein nimmt sich vor, den Tag in der hohlen Weide zu bleiben und abzuwarten, ob Lisbeth vorbeikommt. Wenn Paulchen hinter ihr herläuft und mit ihr zusammen in die Weide kriecht, muss sie sich entscheiden.

Zweistein denkt über ...

Im Sommer streift Zweistein häufig durch den Garten der Müllers. Sie wohnen am Ende der Straße, die Wiese ist voller Äpfel, weil keiner sie vom Baum pflückt. Frau Müller kauft ihre Äpfel im Supermarkt, Zweistein hat schon mal heimlich einen Blick in ihre Einkaufstasche geworfen. Einmal hat Zweistein im Garten der Müllers einen Apfel auf den Kopf gekriegt, zum Glück war er ganz klein. Wenn die Äpfel länger am Boden liegen, werden sie faul, und die Wespen kriechen hinein. Zweistein mag den Geruch von faulen Äpfeln, aber er frisst sie nicht, sie schmecken ihm nicht, und die Wespen schon gar nicht. Er überlegt, ob der Apfel tot ist, wenn er vom Baum fällt. Wahrscheinlich nicht gleich, sondern erst, wenn er zerfallen ist. Dafür wachsen aus den Kernen neue Apfelbäume. Der Apfelbaum der Müllers wird noch lange leben, vielleicht so lange wie Frau Fourgé oder länger, er sieht sehr robust aus.

... den Katzenhimmel nach

Zweistein fragt sich, wie er wohl riecht, wenn er tot ist. Vielleicht nach Sardinen, nassem Fell und Ameisenkacke. Kordon würde ihn bestimmt gern auseinandernehmen. Aber das würde nicht so ohne Weiteres gehen. Wenn Frau Fourgé ihn beerdigt, zum Beispiel im Garten, wachsen keine neuen Katzen aus ihm, weil er keine Kerne hat. Um den Nachwuchs müsste er sich also zu Lebzeiten kümmern. Er hat überhaupt keine Lust darauf, eines Tages tot zu sein. Dann könnte er nicht mehr an Lisbeth denken, den Regenbögen nachschauen oder Wassermusik hören. Er könnte jetzt eine lange Liste machen, was noch alles blöd wäre, wenn er tot ist. Er könnte den Rest seines Lebens damit verbringen, die Liste fortzusetzen. Das wäre komplett sinnlos. Zweistein würde es jedoch begrüßen, wenn er seine Todesart selbst bestimmen könnte. Am liebsten würde er nach einer üppigen Mahlzeit – Lachsmousse und geräucherte Forelle an Meerrettich – friedlich einschlafen.

Frau Fourgé sagt manchmal zu ihm, er komme bestimmt in den Katzenhimmel, weil er so eine gute Katze sei. Zweistein ist sich nicht sicher, ob er gut ist. Und wie ist es überhaupt im Katzenhimmel? Lauter selige Viecher, die nichts weiter tun, als sich auf der gemütlichsten Wolke auszustrecken und die Luft vollzuschnurren. Dazu hätte er überhaupt keine Lust.

Ob es auch einen Himmel für alle Fourgés gibt? Und einen für alle Müllers? Die Müllers aus seiner Straße dürften nicht in den Müller-Himmel, findet er, weil sie ihre Äpfel verfaulen lassen. Alles in allem wären das allerdings unglaublich viele Himmel, wo sollten die bloß hin? Also nur einen Himmel für alle guten Menschen. Frau Fourgé wäre bestimmt dabei, sie muss sich keine Sorgen machen. Das würde er ihr sogar schriftlich geben, wenn er schreiben könnte.

Sobald der Mann mit der Lederweste auftaucht, verschwindet Zweistein. Der Typ trägt eine dicke Brille und ist ziemlich alt. Mit seinem Gewehr schießt er auf Tauben. Zweistein hat Angst, dass er ihn eines Tages für eine Taube hält und abdrückt. Aus sicherer Entfernung beobachtet Zweistein, wie sich der Mann auf seiner Terrasse postiert und auf die Tauben zielt, die in dem Ahorn gegenüber sitzen. Er ist ziemlich gut. Ein Schuss, und fast jedes Mal fällt eine Taube zu Boden, wie ein Stein. Dann geht der Mann zu dem toten Tier, schaut es sich von allen Seiten an und gräbt mit einer grünen Schaufel ein Loch in die Erde. Jede Taube wird von ihm ordentlich begraben.

Tauber

Zweistein begreift das nicht. Wenn der alte Mann die Taube braten und aufessen würde, könnte er ihn verstehen. Aber das tut er nicht. Er sitzt auf seiner Terrasse und isst Bockwurst mit Kartoffelsalat. Zweistein ist sich nicht sicher, ob der Mann weiß, warum er das alles tut. Wenn Zweistein losläuft und eine Maus tötet, spielt er vielleicht einen Moment mit ihr, aber dann verzehrt er sie. Wie es sich gehört. Die Maus kann sich zumindest nicht beklagen, dass ihr Tod sinnlos war. Die Taube könnte sich schon beklagen. Sie ist gestorben, weil ein alter Mann ein Gewehr hat und gut zielen kann. Obwohl er eine dicke Brille trägt.

Manchmal macht es Zweistein rasend, wenn er nicht weiß, welchen Sinn etwas hat. Er hat davon sogar schon Kopfschmerzen bekommen. Er wünscht sich einen großen Staubsauger, der alles wegschluckt, was keinen Sinn hat. Wenn der Staubsaugerbeutel voll ist mit Sinnlosem, müsste er ausgetauscht werden. Die sinnlosen Staubsaugerbeutel müssten auf einer sinnlosen Müllkippe lagern.

Begräbnis

Irgendwann würden sie verbrannt, zu sinnloser Asche werden und zerfallen. Dann wäre Schluss. Von den sinnlosen Gedanken, die Zweistein sich macht, bekommen die Dinge allerdings auch keinen Sinn.

Vor dem Einschlafen fällt Zweistein plötzlich ein, dass manche Dinge vielleicht doch einen Sinn haben, selbst wenn er zunächst keinen findet. Da ist zum Beispiel die Sache mit den Staubkörnern. Frau Fourgé muss vom Staub niesen, sie ist allergisch, und deshalb hasst sie Staub. Frau Voigt, ihre Putzfrau, saugt den Staub einmal in der Woche sorgfältig weg. Sie sagt immer, wenn es keinen Staub gäbe, hätte sie keine Arbeit. Also hat der Staub doch einen Sinn, zumindest für Frau Voigt. Als Zweistein einschläft, ist sein Kopf um ein paar Staubkörner leichter geworden.

Entscheidungen

Frau Fourgé hat in ihrem Kleiderschrank Pullover, Jacken, Blusen, Schals, Handschuhe, Strümpfe, jeweils in großen Mengen. Wann will sie das alles tragen? Häufig sagt sie: Was soll ich bloß anziehen? Das klingt, als hätte sie nichts im Schrank. Zweistein findet, sie ist nicht zu beneiden, weil sie sich jeden Morgen neu entscheiden muss. Mittags, wenn sie aus dem Büro kommt, steht sie vor ihrem vollen Kühlschrank und sagt: Was soll ich bloß kochen? Sie muss sich schon wieder entscheiden. Natürlich könnte sie den ganzen Tag in ihrem Nachthemd bleiben und gar nichts essen. Dann müsste sie sich weder anziehen noch kochen. Aber das wäre auch nicht gut. Vielleicht sollte sie eine Woche lang immer dasselbe anziehen und dasselbe kochen, die nächste Woche genauso, dann müsste sie sich lediglich einmal pro Woche entscheiden. Nur für ihn, Zweistein, dürfte sie sich gern jeden Tag etwas Neues zum Essen ausdenken.

Zweistein überlegt, dass er es besser hat als Frau Fourgé. Er muss auch Entscheidungen treffen, aber nicht so viele. Er muss sich entscheiden, ob er sich in die Sonne legt oder lieber auf das schattige Dach des Gartenschuppens. Ob er sich die Mühe machen soll, eine Maus zu verfolgen, oder ob er es sein lässt. Er beschließt, heute den ganzen Tag in seinem Korb zu bleiben, so muss er gar keine Entscheidung treffen. Vielleicht bekommt Frau Fourgé dann Lust, den Tag im Bett zu verbringen.

Zweistein wartet, bis Frau Fourgé zu ihm ins Wohnzimmer kommt. Er hat schon ihre Espressomaschine gehört, sie klingt wie Reizhusten. Als sie die Tür öffnet und sich zu ihm herunterbeugt, gähnt er und schaut sie träge an. »Mein armer Hase«, sagt sie und streichelt ihn besorgt. »Sonst bist du doch morgens schon unterwegs. Bist du krank?« Zweistein rollt sich noch mehr zusammen. Frau Fourgé fragt aufgeregt: »Soll ich dir ausnahmsweise etwas Milch bringen? Oder lieber ein bisschen Pastete? Oder beides? Sollen wir zum Tierarzt fahren?« In Frau Fourgés Kopf rattert es vor lauter möglichen Entscheidungen.

Zweistein springt aus seinem Korb und verschwindet in den Garten.

Schlafwandler

Im Wohnzimmer von Frau Fourgé gibt es einen Teppich, der wandert. Er ist rot und nicht besonders groß, ein paar Vögel sind in das Muster eingewebt. Normalerweise liegt der Teppich vor dem Sofa, aber dann wandert er nachts zum Klavier, manchmal auch zum Fernseher. Frau Fourgé weiß, dass Zweistein den Teppich in Ruhe lässt, deshalb ist sie jedes Mal erschrocken und meint, bei ihnen spuke es. Zweistein glaubt das nicht. Um sicherzugehen, hat er sich ein paar Male nachts hinter der Gardine postiert und abgewartet. Natürlich kam da kein albernes weißes Wesen angeflattert. Wenn es wirklich Geister gibt, hätten die bestimmt Besseres zu tun.

Trotzdem stimmt es, dass der Teppich wandert. Zweistein hat schon mal von fliegenden Teppichen gehört, aber noch keinen gesehen. Wenn es fliegende Teppiche gibt, kann es genauso gut wandernde Teppiche geben. Im Übrigen gefällt es ihm, dass sich

der rote Teppich bewegt. Im Wohnzimmer steht
alles immer am selben Platz, Sofa, Sessel, Tisch,
Regale. Frau Fourgé geht immer dreieinhalb Schritte
von der Tür zum Sofa und lässt sich hineinplump-
sen. Sie sitzt immer an derselben Stelle, und die
Frau-Fourgé-Delle wird jeden Tag ein bisschen grö-
ßer. Gut, dass es keine Zweistein-Delle gibt! Er fände
es lustig, wenn der Fernseher plötzlich unter der
Decke hinge, dann müsste Frau Fourgé ihren Kopf
weit in den Nacken legen. Der Kronleuchter würde
sich dafür neben ihr auf dem Sofa niederlassen und
es beleuchten.

Zweistein hat damit begonnen, seinen Korb im
Wohnzimmer alle paar Tage woanders hinzuschie-
ben. Frau Fourgé wundert sich jedes Mal und schiebt

ihn zurück. Bald wird sie endgültig an Gespenster glauben. Zweistein schiebt ihn dann von Neuem durch das Zimmer und freut sich, dass er von seinem Korb aus immer etwas anderes sieht.

Neulich hat Frau Fourgé von Schlafwandlern erzählt. Sie laufen nachts durch die Wohnung und merken nichts davon. Morgens haben sie blaue Flecken am Körper, weil sie irgendwo gegengestoßen sind. Zweistein überlegt, ob auch Katzen im Schlaf wandeln. Und ob er mit geschlossenen Augen schon mal eine Maus gefangen hat. Das wäre zumindest ein Grund, warum er morgens manchmal schon satt ist, was Frau Fourgé überhaupt nicht gefällt. Wahrscheinlich ist er im Schlaf auf dem roten Teppich herumgeturnt, und deshalb wandert das Teil durch die Gegend. Wenn der Teppich am Morgen wieder woanders ist, wird er nachschauen, ob Zweistein-Haare auf ihm liegen.

Wirklich schade, dass er den Schlafwandler-Zweistein niemals beobachten kann. Er würde ihm sagen, dass es gut ist, ein bisschen Chaos zu stiften.

Vierzehnstein

Frau Fourgé schnarcht, und das sehr laut. Wenn sie erst mal damit angefangen hat, macht Zweistein einen großen Bogen um ihr Schlafzimmer. Vielleicht war Frau Fourgé in einem früheren Leben ein wildes Tier, zum Beispiel ein Tiger. Das Schnarchen ist wie ein kleines Brüllen, ein Überbleibsel aus früheren Zeiten. Frau Fourgé sagt immer, Katzen würden sieben Leben haben. Womöglich hat sie ebenfalls sieben Leben.

Zweistein versucht sich vorzustellen, welche anderen Leben für ihn in Frage kämen. Ein Goldfisch im Aquarium, so wie es bei Frau Gregor im Wohnzimmer steht? Viel zu langweilig. Außerdem würde er sich ständig die Nase stoßen. Ein Vogel? Immerhin könnte er endlich mal fliegen, aber er weiß aus Erfahrung, dass er sich vor Katzen in Acht nehmen müsste. Oder er wäre ein Stein – wozu heißt er Zweistein. Aber Steine liegen nur in der Gegend rum, es sei denn, sie werden von Kindern weggekickt.

Wahrscheinlich reicht es völlig aus, Zweistein zu sein. Er könnte natürlich mehrfach als Zweistein geboren werden, insgesamt siebenmal, dann wäre er am Ende Vierzehnstein. Aber das wäre doch etwas übertrieben. Womöglich hat er auch schon drei Leben hinter sich und weiß es nicht. Dann blieben ihm noch sein jetziges und drei weitere. Aber was soll die Rechnerei? Wenn Gauß Lust hat, kann er sich darüber Gedanken machen. Zweistein wird ihn bei Gelegenheit fragen. Und Gauß wird wahrscheinlich ausrechnen, wie viele Leben alle Katzen auf der Erde insgesamt haben. Er selbst wäre bestimmt gern siebenmal Gauß, um alles, was er sich vorgenommen hat, zu schaffen.

Eine Sache mit den sieben Leben beunruhigt Zweistein aber doch: Was wäre, wenn Frau Fourgé plötzlich stirbt und als Katzenhasserin wiedergeboren wird? Dann würde sie ihn irgendwo aussetzen, und er müsste sehen, wo er bleibt. Würde sie eine Hundeliebhaberin werden, müsste Zweistein als Hund wiedergeboren werden. Das würde passen. In diesem Fall hätte er allerdings eine Bitte an den, der die sieben Leben organisiert: So dumm wie Casimir, der Nachbarhund, möchte er möglichst nicht sein.

Der geflügelte Zweistein

Zweistein mag den Aarnsee nicht, er mag überhaupt keine größeren Gewässer. Aber Gauß möchte gern zum Aarnsee. Er steht plötzlich auf dem Dach des Gartenschuppens, wo Zweistein gerade liegt, und erzählt, er habe seine Kalkulationen über das weltweite Katzenvorkommen fast abgeschlossen. Nun will er sich den Hunden zuwenden. Am Aarnsee möchte er berechnen, wie lange Hunde durchschnittlich schwimmen können. Seinen Abakus hat er auch dabei. Der Aarnsee ist ein Stück entfernt, und Gauß ist sich nicht sicher, ob er ihn gleich findet. Zweistein reckt sich. Es kommt nicht so oft vor, dass Gauß ihn um einen Gefallen bittet, und er möchte ihn nicht enttäuschen.

Am Aarnsee postiert sich Gauß oberhalb einer kleinen Bucht. Er wartet, bis ein Hund ins Wasser platscht und losschwimmt, dann beginnt er, seine Kugeln hin- und herzuschieben. Zweistein beobachtet, wie der Hund seinen Kopf angestrengt nach oben hält. Zweistein fände es grässlich, wenn er, Zweistein, mit dem Kopf unter Wasser tauchen würde. Der Hund ist nicht besonders schnell, aber immerhin kann er schwimmen.

Zweistein überlegt, wie er selbst sich eigentlich fortbewegt. Er kann laufen und klettern – aber nicht schwimmen und fliegen. Gibt es ein Tier, das alles kann? Zweistein fällt keins ein. Eine Ente kann ziemlich viel, allerdings watschelt sie, anstatt zu laufen. Und Kletterbäume kennt sie nur von unten.

Wenn Zweistein alles könnte, würde er eine Runde im See schwimmen, dann zum nächsten Baum laufen, bis zur Spitze klettern und schließlich davonfliegen. Ein Schwimmlaufkletterflugzweistein. Aber wäre er dann glücklicher? Nach dem Schwimmen wäre er klitschnass, es würde lange dauern, bis sein Fell trocken ist. Und mit Flügeln auf dem Rücken sähe er ziemlich albern aus. Max, der Junge auf dem Hochsitz, würde vermutlich vor Schreck sein Fernglas fallen lassen, wenn Zweistein plötzlich angeflogen käme. Am Ende würde Zweistein noch von einem Jäger abgeschossen werden. Also lieber doch nur ein Laufkletterzweistein.

Zweistein merkt, dass er Hunger hat, er würde gern einen Fisch essen, frisch aus dem See. Ein toter Fisch liegt am Ufer und stinkt, den wird er bestimmt nicht anrühren. Ganz in seiner Nähe sieht Zweistein

ein paar Fische schwimmen, er pflügt mit der Pfote durchs Wasser, doch sie sind schon weg. Keine Chance. Dann hat er eine Idee. Nicht weit von Gauß steht ein Angler, er hat einen Eimer neben sich mit ein paar dicken Fischen drin. Der Angler schaut aufs Wasser und rührt sich nicht. Zweistein könnte dicht an dem Eimer vorbeilaufen und ihn dabei aus Versehen umwerfen. Dann müsste er nur noch zuschnappen und mit seiner Beute abhauen. Gauß würde in der Zwischenzeit ausrechnen, wie viele Fische in Zweisteins Bauch Platz haben. Vorsichtig schleicht sich Zweistein an.

Wölfe

Frau Fourgé ist aufgeregt. In der Nähe des Fuß-
ballplatzes wurden Wölfe gesehen, erzählt sie.
Viele Jahre waren sie verschwunden, jetzt sind sie
wieder da. Sie können Schafe, Lämmer und Ziegen
anfallen, in seltenen Fällen sogar Menschen. Auch
Katzen, meint Frau Fourgé, könnten von den Bestien
gerissen werden, sie fressen alles, was sie leicht
erbeuten können. Zweistein denkt, dass er
ziemlich schnell ist und dadurch nicht so leicht
zu erbeuten. Um Lisbeth, die pfeilschnell ist, muss
er sich erst recht keine Sorgen machen.

Frau Fourgé sagt, Zweistein dürfe in der nächsten Zeit nicht raus. Katzen ständen zwar nicht ganz
oben auf dem Speisezettel der Wölfe, aber Vorsicht
sei besser. Zweistein überlegt, wieso Wölfe einen
Speisezettel haben. Wenn man Hunger hat, nimmt
man, was gerade vorbeikommt. Wölfe sind seltsame
Tiere, findet er.

Zweistein wundert sich über Frau Fourgé. Wenn
sie von den Wölfen spricht, könnte man meinen, ihr

Haus sei umzingelt, und die Viecher würden nur
darauf warten, über sie und Zweistein herzufallen.
Wölfe, sagt sie, hätten böse, schmale Augen und
seien eigentlich immer hungrig. Zweistein hat das
Gefühl, Frau Fourgé denkt an nichts anderes mehr,
sie füttert ihre Angst, so wie man ein Schwein
mästet. Aber vielleicht ist es auch so, dass Frau
Fourgé ein kleines bisschen Lust hat auf die Angst.

Wenn sie sich von ihr kitzeln lässt, fließen die Tage nicht so gleich dahin.

Zweistein hat keine Lust, sich zu ängstigen. Wieso soll er sich vor etwas fürchten, das er nicht gesehen hat? Vielleicht stimmt auch alles gar nicht. Irgendjemand hat einen Schatten von einem Tier mit kleinen Ohren und buschigem Schwanz gesehen und erzählt, es war vielleicht ein Wolf. Der Nächste sagt, jemand habe einen Wolf gesehen. Der Übernächste meint, ein Rudel Wölfe stünde schon vor der Tür.

Zweistein muss sich jetzt nur Gedanken machen, wie er aus dem Haus kommt. Frau Fourgé will die Katzenklappe zum Garten verbarrikadieren. Er müsste durch das Fenster ihres Schlafzimmers nach draußen springen, das ist meistens gekippt. Wenn Frau Fourgé wieder so laut schnarcht, als wäre sie ein alter Traktor, bekommt sie sowieso nichts mit. Falls sie aber doch aufwacht, gerät sie bestimmt in Panik und meint, die Bestie stände direkt neben ihrem Bett. Zweistein muss sich noch überlegen, ob er dann knurrt wie ein Wolf.

Unkraut

Wenn Frau Fourgé im Garten arbeitet, kämpft sie. Zumindest kommt es Zweistein so vor. Immer wieder ruft sie »merde«, das klingt so ähnlich wie Erde, aber ändert auch nichts. Frau Fourgé schimpft, dass der Dauerregen an allem schuld ist. Bei Regen, meint sie, wächst das Unkraut raketenschnell. Sie streift ihre Gartenhandschuhe über und beginnt zu rupfen, stundenlang. Warum das Unkraut wegmuss, hat Zweistein nicht verstanden. Und was ist überhaupt Unkraut? Ein Unmensch, das weiß Zweistein, ist jemand, der anderen Böses will. Von Unkatzen hat er noch nie gehört, also scheint es sie nicht zu geben. Unkraut müsste Grünzeug sein, das anderen schadet. Zweistein konnte das bislang nicht feststellen, es wächst wie alles andere im Garten auch. Das Unkraut erdrückt die Pflanzen, sagt Frau Fourgé, damit meint sie zum Beispiel die Fuchsien oder ihren geliebten Lavendel. Aber wer entscheidet, wer hier wen erdrückt?

Einige Beete hat Frau Fourgé schon befreit, wie sie sagt; das klingt, als wären sie im Belagerungszustand gewesen. Vögel und Mäuse können sich jetzt, da das Unkraut verschwunden ist, nicht mehr so gut verstecken. Dafür haben Katzen mit ihnen leichtes Spiel, Zweistein inbegriffen. Trotzdem findet er es schade, dass das Unkraut nicht bleiben darf. Das wäre so, als würde Frau Fourgé sich über ihn ärgern und ihn zum Unzweistein erklären. Dann müsste er ebenfalls verschwinden. Aber er weiß, dass das nicht passieren wird.

Zweistein schaut sich die Wurzeln des rausgerupften Unkrauts genauer an. Jede ist unterschiedlich, manche sind sogar länger als der Teil, der aus der Erde ragt. Einige sehen aus wie Schnüre, andere wie ein Flussdelta, mit vielen Verzweigungen. Zweistein gefällt es, wie sich die Wurzeln immer mehr verästeln. Wenn er zeichnen könnte, würde er Tuschzeichnungen von ihnen anfertigen.

Frau Fourgé hat einen großen Eimer mit Unkraut gefüllt, jetzt kippt sie ihn in die Mülltonne. Zweistein findet es bedauerlich für das Unkraut und denkt, dass Frau Fourgé heute eine Unfraufourgé ist. Aber wenn er ihr sein Missfallen zeigen würde, würde er vielleicht ein Unabendessen bekommen. Also etwas ganz Schlechtes. Oder gar nichts.

Lügen

Frau Radtke ist wie ein Radio, sie redet ständig. Über Casimir, über ihren Garten, über neue Möbel, die sie kaufen will. Kaum erzählt Frau Fourgé etwas von Zweistein, fällt Frau Radtke ihr ins Wort und fängt von Casimir an. Wenn sie von sich spricht, sagt sie nicht »ich«, sondern »Casimirs Frauchen«. Oder sie sagt: »Casmir ist gerade mit seinem Herrchen unterwegs.« Obwohl Frau Fourgé ihre Nachbarin nicht sonderlich mag, ist sie nett zu ihr, lobt, wie hübsch

Casimir aussieht, wie gut die Birnen schmecken, die Frau Radtke ihr gebracht hat. Zweistein wundert sich. Frau Fourgé mag keine Hunde. Die Birnen von Frau Radtkes Baum sind klein und haben faule Stellen. Frau Fourgé isst zwei, drei davon, den Rest schmeißt sie weg. Zweistein grübelt, was der Zweck der Lüge ist. Frau Fourgé sagt, ihr sei gute Nachbarschaft wichtig. Aber wieso ist Nachbarschaft gut, wenn man sich ständig Geschichten anhören muss, die einen nicht interessieren?

Zweistein ist es egal, was die Radtkes von ihm denken. Er und Casimir gehen sich aus dem Weg, und das ist gut so. Gelegentlich pieselt Zweistein bei den Radtkes auf die Terrasse, er weiß, dass Frau Radtke den Geruch nicht mag und sich jedes Mal aufregt. Er findet, das ist ein gerechter Ausgleich dafür, dass Frau Fourgé so höflich zu ihr ist. Glücklicherweise weiß Frau Radtke nicht, dass er es ist, sie hat keine feine Nase.

Auch der Briefträger lügt. Er meint, er möchte Frau Fourgé heiraten, weil es bei ihr immer nach gutem Essen duftet, sie sei die beste Köchin der Welt. Frau Fourgé erzählt Zweistein, dass der Briefträger verheiratet ist, mit einer Briefträgerin. Also kann er Frau Fourgé gar nicht heiraten. Oder sind für Briefträger zwei Frauen erlaubt? Frau Fourgé antwortet dem Briefträger, sie würde ihn auch gern heiraten, damit endlich jemand ihre Kochkünste lobt. Das ist bestimmt ebenfalls eine Lüge. Außerdem müsste es Frau Fourgé doch wohl reichen, dass Zweistein ihr Essen würdigt.

Würden alle Menschen, die nicht die Wahrheit sagen, im Weltall verschwinden, denkt Zweistein, wäre die Erde bald ziemlich leer. Besonders um Frau Fourgé täte es ihm leid, und sie ist ja nur eine höfliche Lügnerin. Den Briefträger würde er nicht vermissen, er ist ein Arschkriecher-Lügner. Am Ende würde er Frau Fourgé doch noch heiraten, irgendwo im Weltall. Dann müsste er sie zumindest nicht mehr anlügen.

Mozart

Frau Fourgé hört oft Musik von Mozart, vor allem die Opern. Manchmal summt sie eine Arie mit, in einer fremden Sprache, die ein bisschen süßlich klingt. Zweistein mag die Musik. Wer sich so etwas ausdenkt, kann kein ganz unglücklicher Mensch sein, findet er. Wie ist es möglich, dass aus einem einzigen Kopf so viele Ideen kommen? Zweistein würde diesen Mozart gern mal kennenlernen. Aber vielleicht mag Mozart keine Katzen.

Zweistein bedauert, dass er kein Instrument kann. Frau Fourgé spielt häufig Klavier, auch Mozart. Sie spielt zwar nicht so perfekt wie die Musikanlage, aber trotzdem gut. Wenn sie allerdings versucht, die Arie der Königin der Nacht aus Mozarts »Zauberflöte« zu singen, klingt das, als würde sie gerade erwürgt. Zweistein verlässt dann schnell das Wohnzimmer. Er kommt erst wieder, wenn das Zimmer leer ist. Dann springt er auf das geöffnete Klavier und läuft auf den Tasten herum. Das gibt viele schrille Töne und klingt ganz und gar nicht nach Mozart. Frau Fourgé kommt ins Zimmer und scheucht ihn herunter, sie meint, das sei Katzenmusik. Was denn sonst, denkt Zweistein. Er findet seine Vier-Tatzen-Konzerte auch etwas schräg, aber ihm gefällt, dass *er* all die Töne produziert.

Zweistein grübelt, was er tun könnte, damit Mozart sich für ihn interessiert. Normalerweise lässt sich Zweistein nicht einschüchtern. Bei Mozart ist es etwas anderes. Er könnte Kreide fressen, damit seine Stimme weicher wird. Aber eine Arie könnte er immer noch nicht singen. Eine Königin der Nacht mit Kreide-Stimme? Unmöglich.

Schnurren wäre auch nicht besser. Wenn Zweistein schnurrt, klingt es wie ein kleiner Motor oder wie Schnarchen. In musikalischer Hinsicht ein Totalausfall. Immerhin hat Frau Fourgé erzählt, dass Schnurren beruhigend wirken kann, zum Beispiel bei Magenschmerzen. Wenn sie Bauchweh

hat, nimmt sie Zweistein auf den Schoß und streichelt ihn. Er muss nur lange genug schnurren, dann
gehen ihre Magenschmerzen weg. Falls Mozart also
unter Magenschmerzen leidet, könnte Zweistein
ihm durchaus behilflich sein. Ähnlich wäre es,
wenn Mozart zum Beispiel eine angeknackste Rippe
hätte. Frau Fourgé meint, dass Knochen manchmal
durch das Schnurren schneller zusammenwachsen.
Vielleicht wäre es für Mozart also doch interessant,
Zweisteins Bekanntschaft zu machen.

Zweistein hofft, dass Frau Fourgé ihn bald zu
sich nach Hause einlädt. Zweistein würde dann
bestimmt nicht auf den Tasten des Klaviers herum-
springen. So oft wie Frau Fourgé Mozart hört und
spielt, kann er eigentlich nicht nein sagen.

Die
Bücherkatze

Zweistein balanciert häufig auf den Bücherregalen herum, am liebsten ganz weit oben. Frau Fourgé hat viele Regale, und die Reihen werden immer voller, weil wieder Leute Bücher geschrieben haben. Als gäbe es nicht genug davon. Zweistein schaut sich die Bücher an, dünne, dicke, staubige, vergilbte, ungeöffnete mit Plastiküberzug. Normalerweise stehen die Buchrücken in gerader Linie, aber wenn Zweistein auf den Regalen unterwegs war, ist die Linie nicht mehr gerade. Frau Fourgé regt sich jedes Mal darüber auf.

Kaum sitzt Frau Fourgé in ihrem Sessel und liest, will sie nicht mehr gestört werden. In kurzen Abständen blättert sie eine Seite nach der anderen um, ansonsten rührt sie sich nicht. Frau Fourgé sagt, sie sei ein Bücherwurm. Anscheinend gibt es Würmer, die sich durch die Reihen der Bücher fressen, aber Zweistein hat noch nie einen gesehen. Glücklicherweise sieht Frau Fourgé nicht aus wie ein Wurm, sie ist nicht glitschig, und auf ihrem Hals sitzt ein richtiger Kopf. Zweistein stellt sich vor, dass in Frau Fourgés Kopf eine Bibliothek aufgebaut ist, mit winzigen Büchern, Regalen, Bücherleitern, genau wie in ihrem Wohnzimmer. Die Bücher der Kopf-Bibliothek stehen in Reih und Glied, keiner bringt sie durcheinander. Alle Bücher, die sie in ihrem Leben schon gelesen hat, sind hier versammelt.

Auf dem Tisch im Wohnzimmer liegt ein dickes Buch, das Frau Fourgé gerade liest. Zweistein öffnet es und schaut sich die Buchstaben genauer an. Manche haben einen dicken Bauch oder sogar zwei Bäuche, andere sind streng und eckig. Die Bauchbuchstaben sehen aus, als hätten sie mehr zu essen bekommen als die Eckbuchstaben. Zweistein findet das ungerecht. Ein Buchstabe sieht aus wie ein Ei und ist besonders dick; ein anderer, ein Strich mit einem Punkt darauf, ist ein Hungerhaken. Zweistein wüsste gern, was die Buchstaben bedeuten und ob einige mehr zu sagen haben als andere.

Zweistein müsste eine Bücherkatze kennenlernen, die ihm die Buchstaben erklärt. Wenn es Zahlenkatzen gibt wie Gauß, muss es auch Buchstabenkatzen geben. Wahrscheinlich sitzt die Bücherkatze in einer Ecke, liest Tag und Nacht und ist sehr klug. In ihrem Kopf steht eine kleine Bibliothek, so wie im Kopf von Frau Fourgé. Sie ist etwas dicklich und kann keine Mäuse jagen. Dafür würde Zweistein für sie die Mäuse fangen und ihr vor die Füße legen. Für jede

Maus bekäme er dann eine   Geschichte
erzählt. Je fetter die Maus, umso   länger die Geschichte. Er könnte auch von Frau Fourgé ein paar
Forellen klauen, dafür müsste die Bücherkatze aber
schon einen ganzen Roman erzählen.

Zweistein gefällt die Idee. Er will Frau Gregor
fragen, ob sie eine Bücherkatze kennt, Frau Gregor bekommt häufig Katzenbesuch. Schade, dass
ihr Kopf nicht mehr so gut funktioniert. Aber eine
Bücherkatze kann eigentlich niemand vergessen,
selbst Frau Gregor nicht.

Zweistein fliegt zur Milchstraße

Wenn Frau Fourgé Milch verschüttet, gibt es eine weiße Pfütze. Sie läuft in alle Richtungen davon, manchmal auch vom Tisch auf den Boden, Milch kann ziemlich schnell sein. Am Ende landet sie immer im Schwamm.

Die Milchstraße am Himmel sieht völlig anders aus. Ein dicker Pinselstrich mit vielen leuchtenden Punkten. Frau Fourgé hat im Fernsehen einen Film über das Weltall gesehen und Zweistein erzählt, dass die Milchstraße aus vielen Milliarden Sternen besteht und dass es dort schwarze Löcher gibt. Zweistein blickt in den Himmel und versucht, das riesige schwarze Loch in der Mitte zu finden, das Planeten und Sterne schluckt. Er würde es gern einmal aus der Nähe anschauen, allerdings müsste er aufpassen, nicht in seinem Schlund zu verschwinden. Auch rot leuchtende Gasnebel soll es oben geben, in denen junge Sterne entstehen. Zweistein fände es aufregend, dabei zu sein, wenn ein Stern geboren wird.

Frau Fourgé sagt, dass nicht nur Astronauten, sondern auch Katzen schon ins All geschossen wurden. Eine französische Katze, Félicette, war 1963 im Weltraum, danach ist sie wohlbehalten zur Erde zurückgekehrt. Zweistein wüsste gern, was Félicette im All erlebt hat und ob sie durch die Raumkapsel geschwebt ist. Leider kann er sie nicht fragen.

Wenn Zweistein nachts lange in die Milchstraße geschaut hat, haben sich seine Augen voller Licht gesogen, zumindest kommt es ihm so vor. Irgendwann hat er genug und muss die Augen schließen. Vor dem Einschlafen überlegt er, wie lange er wohl mit dem Raumschiff zur Milchstraße brauchen würde. Und ob Frau Fourgé schon gestorben wäre, wenn er zurückkehrt. Dann würde er die Tour bleiben lassen.

Einmal hat Zweistein vom Weltall geträumt. Er kann sich sehr gut an den Traum erinnern. Er sitzt festgeschnallt in einem Raumschiff und rast durch die Dunkelheit. Irgendwann ist er mittendrin im Sternengestöber der Milchstraße. Es ist unglaublich hell, manche Sterne funkeln wie Diamanten. Wenn er den Kopf zurückdreht, ist da eine blaue Kugel, weit weg, klein wie ein Flummi: die Erde. Zweistein fährt die Milchstraße auf und ab und findet einen Stern, der die Form einer Katze hat. Ein Zweistern. Er könnte ihn mit zur Erde nehmen und in den Garten von Frau Fourgé stellen. Der Garten wäre hell erleuchtet, auch nachts, und Frau Fourgé müsste keine Angst vor Einbrechern und vor Wölfen haben. Zweistein bindet den Stern an seinem Raumschiff fest und nimmt Kurs auf die Erde.

Als er morgens aufwacht, muss er blinzeln. Die Sonne scheint ins Wohnzimmer, und im Garten liegt kein Zweistern. Schade, denkt Zweistein schlaftrunken. Aber dann überlegt er, dass es wahrscheinlich besser so ist. Sie würden sich ständig an dem Stern stoßen, und irgendwann wäre er ihnen zu hell. Man kann den Zweistern ja nicht einfach ausknipsen wie eine Lampe.

Zweistein streckt sich mehrmals. Er ist froh, dass so viel Licht in seinem Traum war. Das ist jetzt in seinem Kopf gespeichert. Wenn die Tage kürzer werden und der Winter kein Ende nimmt, wird er sich daran erinnern.

Vogelzeit

Im Sommer wacht Zweistein manchmal sehr früh auf. Dann geht er raus zu den Vögeln. Es ist noch dunkel, von den Bäumen sind nur die Umrisse zu erkennen. Zweistein hört Zwitschern, Fiepen und Tirilieren, alle singen laut durcheinander – anders als bei den Opern von Mozart, wo die Sänger sich mehr am Riemen reißen. Zweistein ist allein mit den Vögeln, und weil er sie nicht sieht, kann er sich ganz darauf konzentrieren, sie zu hören, er muss gar nicht erst die Augen schließen. Früher hat Zweistein am Morgen nur ein einziges großes Vogel-gelärme gehört, jetzt kennt er die meisten Stimmen. Ab und zu antwortet ein Vogel dem anderen, dann zwitschert jeder für sich. Zweistein hört ganz genau zu. Er versucht zu zählen, wie viele unterschiedliche Stimmen da sind. In der Sonne würden die Töne flacher klingen, die Dunkelheit ist wie eine große Muschel, in der kein einziger Ton verloren geht.

Der frühe Morgen gehört den Vögeln. Zweistein weiß, warum er sie in Ruhe lässt und sich niemals einen schnappen würde. Dann gäbe es morgens eine Stimme weniger.

Er bleibt so lange, bis es hell geworden ist. Dann ist die Vogelzeit vorbei.

Bretagne

Es ist das erste **Mal,** dass Zweistein das Meer sieht. Frau Fourgé hat ihm tagelang davon vorge-schwärmt, sie ist in der Bretagne aufgewachsen, direkt am Wasser. Man würde sich ganz klein füh-len, wenn man den Ozean sieht, sagt sie. Zweistein denkt, dass er keine Lust hat, sich klein zu fühlen, sondern genauso groß, wie er ist.

Auf dem Weg in die Bretagne ist Zweistein in seinem Korb schlecht geworden. Aus Protest hat er auf den Boden des Autos gekotzt, mehrfach. Frau Fourgé musste jedes Mal anhalten und das Auto sauber machen. Dann fuhren sie weiter. Zweistein fragte sich, warum man unbedingt verreisen muss, wenn man zu Hause alles hat, was man braucht.

Das Haus in der Bretagne steht direkt am Wasser. Hoffentlich bekommen sie nachts nicht Besuch vom Meer, denkt Zweistein. Der Wind heult und pfeift durch die Ritzen. Zweistein fin-det, der Wind hat hier nichts zu suchen, es ist schließlich ihr Haus. Er zieht sich in seinen Korb tief unter die Decke zurück. Frau Fourgé läuft durch alle Zimmer und meint, das Haus sei sehr romantisch, was auch immer das ist. Dann sagt sie, dass sie zu einem Fischer geht, und wenig spä-ter kommt sie mit ein paar Fischen für Zweistein zurück. Er muss zugeben, dass die fetter sind als zu Hause und auch besser schmecken. Allerdings denkt er nicht daran, das Frau Fourgé zu zeigen. Sie ist ohnehin gerade mit etwas beschäftigt, das aussieht wie ein abgebrochenes Stück Felsen. Sie führt es zum Mund und schlürft geräuschvoll daran herum. Zweistein hat noch nie erlebt, dass sie solche Geräusche beim Essen macht. Frau Fourgé nennt das felsige Stück Auster.

Am Strand jubelt Frau Fourgé, das Meer sei wirklich großartig. Zweistein stapft durch den Sand, er kommt kaum voran, er mag es gar nicht, wenn er nicht laufen kann, wie er will. Weiter unten ist der Sand fester, aber da ist auch das Wasser, und Zweistein will auf keinen Fall hinein. Die Wellen sind seltsam, überlegt Zweistein, ständig kommen sie und gehen, sie können sich nicht entscheiden, was sie wollen. Warum kann das Meer nicht einfach mal ruhig sein? Er rennt doch auch nicht ständig vor und zurück, jeder würde ihn für verrückt halten.

Zweistein denkt an Max, den Jungen mit den schiefen Augen, der am liebsten auf dem Hochsitz steht und unbedingt nach Südamerika will. Zumindest glaubt er, dass er es will. Zweistein versucht, so zu schauen wie Max. Mit dem linken Auge peilt er die Wellen an, mit dem rechten schaut er in eine andere Richtung. Dorthin, wo er jetzt gern wäre. Weit weg. Zu Hause.

Ein aus, ein aus

Frau Fourgé isst jeden Tag Heilerde, sie sagt, das sei gut für den Magen. Sie mischt die Erde mit warmem Tee und schabt mit dem Löffel so lange in der Tasse herum, bis das Pulver aufgelöst ist. Zweistein hasst das kratzende Geräusch. Wie kann jemand Erde essen, wenn er im Kühlschrank Lachs und Camembert hat? Zweistein stellt sich vor, er würde Erde aus dem Blumenbeet fressen. Er würde sie bestimmt nicht runterkriegen. Manchmal ist Frau Fourgé seltsam.

Seit Neuestem meditiert Frau Fourgé. Sie sitzt mit geschlossenen Augen und gekreuzten Beinen auf dem Boden und bewegt sich nicht. Vorher hat sie Zweistein erklärt: »Wenn ich meditiere, konzen-

triere ich mich auf meinen Atem und versuche, an
nichts zu denken.« Sie sagt, dass wir häufig einen
Gedanken nicht zu Ende denken, weil ein neuer
dazwischenkommt. Und dann wieder einer und
noch einer. Als würde jemand mit der Schere die
Gedanken einfach abschneiden. Beim Meditieren
versuche sie zu entspannen und fühle sich hinterher gereinigt.

Zweistein denkt darüber nach, was Frau Fourgé
gesagt hat. Wieso kann sie nur entspannen, wenn
sie es sich vornimmt? Geht das nicht einfach so?
Und wenn sie sich nach dem Meditieren gereinigt
fühlt, war sie vorher schmutzig. Zumindest im Kopf.
Aber wie fühlt sich das an, ein schmutziger Kopf?

Zweistein passiert es selten, dass er einen Gedanken nicht zu Ende denkt. Aber er hat schon mal versucht, zwei Gedanken gleichzeitig zu denken, während er auf dem Küchenhocker saß. Der eine Gedanke, den er hatte, war: Warum muss diese blöde goldene Katze auf dem Kühlschrank ständig winken? Der andere: Die Sonne scheint, ich möchte schleunigst raus und mich auf den Rasen legen. Sein Kopf hat daraus gemacht: Ich muss mich auf den Kühlschrank stellen und winken, die Katze aus China darf in der Sonne herumfaulen. Totales Chaos. Zweisteins Kopf fühlte sich in dem Moment tatsächlich schmutzig an. Keiner kann zwei Gedanken gleichzeitig denken.

Zweistein hat jetzt Lust zu meditieren wie Frau Fourgé. Er setzt sich auf den Teppich im Wohnzimmer, hält den Kopf gerade und schließt die Augen. Dann atmet er ganz ruhig, ein aus, ein aus. Fast wäre er eingeschlafen. Aber er soll ja meditieren und nicht schlafen. Wenn er aber denkt, dass er nicht einschlafen soll, hat er schon wieder etwas gedacht. Dabei soll er an gar nichts denken.

Zweistein merkt, dass seine Beine kribbeln. Dass er Hunger bekommt. Jede Maus würde ihn total lächerlich finden, wenn sie ihn so sähe, auf dem dicken Teppich, mit geschlossenen Augen. Aber jetzt hat er schon wieder zu viel gedacht. Vielleicht ist Meditieren nichts für Katzen. Zweistein denkt häufig an nichts, ohne es sich extra vorzunehmen. Das ist wahrscheinlich der Punkt: Bestimmte Dinge werden schwieriger, wenn man sie sich vornimmt. Also sollte man sich darauf verlassen, dass sie einfach so passieren. Wenn sie aber nicht einfach so passieren? Dann setzt man sich auf den Boden und schließt die Augen wie Frau Fourgé, die keinen schmutzigen Kopf haben möchte.

Nach dem Meditieren hat Frau Fourgé immer eine ganz sanfte Stimme, und sie bewegt sich im Schneckentempo zum Kühlschrank. Zweistein gefällt das gar nicht. Er hat jetzt Hunger und nicht erst in einer Stunde. Der Kühlschrank brummt, und die China-Katze winkt.

Der Fuchtel- mann

Frau Fourgé schaut gelegentlich Frühstücksfernsehen. Zweistein versteht nicht, was das soll. Entweder jemand frühstückt, oder er sieht Fernsehen. Wieso beides zusammen? Manchmal sagt Frau Fourgé »Wie schrecklich!«, wenn der Mann im Fernsehen etwas Trauriges gesagt hat. Danach beißt sie in ihr Honigbrötchen. Vielleicht kann sie die Nachricht dann besser ertragen.

Zweistein hat festgestellt, dass Menschen häufig zwei Dinge zur selben Zeit tun. Mit der einen Hand putzen sie ihre Zähne, mit der andern hacken sie auf dem Computer herum. Oder sie starren versonnen auf den Mond vor dem Fenster, und dabei bohren sie ausgiebig in der Nase.

Auf der Straße trifft Zweistein morgens regelmäßig den Fuchtelmann – Zweistein hat ihn so getauft. Er trägt einen Anzug und hat es eilig. In seinem Ohr steckt ein kleiner Knopf. Während er geht, redet er. Dabei macht er wilde Gesten, schüttelt den Kopf, nickt, lächelt, manchmal brüllt er auch. Seltsamerweise ist kein anderer Mensch in der Nähe, den er anbrüllen könnte. Überhaupt hat Zweistein ihn nie zusammen mit anderen Menschen gesehen. Einmal hat er Zweistein übersehen und wäre fast über ihn gestolpert. Ein anderes Mal wäre er beinahe in ein großes Auto hineingelaufen, das aussah wie ein Panzer. Einen Moment war der Mann erschrocken, dann hat er weiter gefuchtelt.

Was wäre, wenn Zweistein einfach in die Luft schnurren oder miauen oder fauchen würde, ohne dass eine andere Katze oder ein Mensch in der Nähe ist? Wer ihn aus der Entfernung beobachten würde, müsste ihn für gestört halten.

Am Anfang dachte Zweistein, der Fuchtelmann sei verrückt. Dann hat Gauß ihm erklärt, dass der Mann telefoniert, während er geht. Über den Knopf im Ohr kann er die Stimme seines Gesprächspartners hören. Eines Tages, meint Gauß, werde es Katzentelefone geben. Das würden er und Zweistein aber wohl nicht mehr erleben. Gauß sieht bekümmert aus, als er das sagt.

Zweistein macht einen tiefen Seufzer.

Geduld

Zweistein hasst es zu warten. Es ist Abend, er hat
Hunger, und Frau Fourgé lässt sich nicht blicken.
Normalerweise ist sie um diese Zeit zu Hause und
stellt ihm etwas zu essen hin. Zweistein beobachtet
zwei Ameisen, die einen großen Brotkrümel über
die Terrasse transportieren. Sie haben eine Aufgabe,
sie haben ein Abendessen, und sie müssen auf nie-
manden warten.

Er muss an das Mädchen mit dem roten Luftballon denken, das ihm vor ein paar Tagen auf der
Straße begegnet ist. Das Mädchen hat Zweistein
gestreichelt und dabei aus Versehen das Band los-
gelassen, an dem der gasgefüllte Ballon hing. Er ist
langsam in den Himmel geschwebt, irgendwann

war nur noch ein roter Punkt zu sehen, dann verschwand er ganz. Als das Mädchen anfing zu weinen, meinte seine Mutter, der Ballon würde jetzt zu einem fernen Planeten zu einem anderen Kind fliegen. Das Mädchen wollte wissen, ob der Ballon zur Erde zurück- kommt, wenn das Kind dort ebenfalls die Schnur loslässt. »Wahrscheinlich«, sagte die Mutter. »Aber sicherheitshalber kaufen wir morgen einen neuen. Du musst dich nur so lange gedulden.« Das Mädchen stampfte mit dem Fuß auf und rief: »Ich will aber nicht so lange warten! Wer hat überhaupt Geduld erfunden, ich hasse Geduld!«

Zweistein kann das Mädchen verstehen. In der Küche von Frau Fourgé hängt ein Bild mit einer Kuh, die auf einer Wiese steht. Wenn Zweistein großen Hunger hat und um seine Schüssel herumstreicht, zeigt sie auf das Bild und sagt: »Geduld, Zweistein. Das Gras wächst nicht schneller, wenn man daran zieht.« Zweistein ist es völlig egal, ob das Gras wächst oder nicht, er würde sowieso nichts davon fressen.

Trotzdem weiß Zweistein, dass es sinnlos ist, wenn sein Hunger alle anderen Gedanken auffrisst. Sein Kopf ist dann kurz vor dem Platzen, als hätte jemand zu viel Luft hineingepumpt. Gauß ist viel geduldiger; wenn er warten muss, stört ihn das nicht, er klickt ruhig mit seinem Abakus herum.

Zweistein sieht jetzt zwei Ameisen, die eine kleine Erbse transportieren. Ob es die Brotkrümel-Ameisen sind? Die Erbse ist deutlich schwerer als der Brotkrümel. Zwischendurch fällt sie auf den Boden, dann versuchen die Ameisen, sie wieder hochzuhieven. Ganz langsam laufen sie mit ihrer Ladung über die Terrasse. Zweistein verfolgt jede ihrer Bewegungen.

Plötzlich hört er das Gartentor quietschen, Frau Fourgé steht vor ihm und sagt: »Ich bin in einen Stau gekommen, tut mir leid. Du musst ja sterben vor Hunger.« Zweistein hat inzwischen ganz vergessen, dass er Hunger hat. Sein Blick ruht auf den Ameisen, die jetzt in einem Erdloch verschwinden. Die Erbse haben sie schon vorher in das Loch gerollt. Zweistein muss wieder an das Mädchen mit dem Luftballon denken. Er hätte ihr die Ameisen mit der Erbse gern gezeigt.

Männer

Seit einiger Zeit schaut sich Frau Fourgé Männer an. Sie sind ganz plötzlich auf dem Bildschirm ihres Computers aufgetaucht. Blonde, schwarzhaarige, pferdegesichtige, schmale, pickelige, sommersprossige, welche mit hellblauen Wasseraugen und andere mit durchdringendem Blick. Frau Fourgé sieht die Bilder in Ruhe durch, ein Klick, ein Mann. Zweistein schaut ihr über die Schulter, aber Frau Fourgé jagt ihn schnell fort. Auch ein Foto von Frau Fourgé hat Zweistein auf dem Bildschirm erspäht, da war sie noch etwas jünger und hatte lange Locken, die sich ineinander kringelten.

Zweistein fragt sich, was Frau Fourgé mit den Computer-Männern macht. Hauptsache, sie bleiben im Computer und kreuzen nicht eines Tages bei ihnen zu Hause auf. Sie würden im Wohnzimmer herumsitzen, und Frau Fourgé könnte sich den besten aussuchen. Er würde bei ihnen bleiben, unter Umständen sogar für immer. Zweistein will sich das nicht vorstellen.

Frau Fourgé geht in letzter Zeit abends häufiger weg. Sie pinselt ihre Lippen rot und die Augen blau, Zweistein mag die bemalte Frau Fourgé nicht

besonders. Dann sprüht sie sich einen blumigen Duft auf, der neu ist und ihren eigenen Geruch fast völlig überdeckt. Zweistein kennt den Duft nicht. Auf der Packung ist ein Krokodil abgebildet, und Zweistein fragt sich, ob Krokodile so riechen. Er hätte eher auf Algen und Leder getippt. Mit ihren Farben im Gesicht und dem Krokodilsduft verlässt Frau Fourgé das Haus. Wenn sie nachts zurückkommt, sind die Farben etwas blasser geworden, und sie riecht wieder mehr nach Frau Fourgé.

Einmal ist tatsächlich ein Computer-Mann bei ihnen zu Hause aufgetaucht. Er brachte Blumen mit und eine Packung mit dem Krokodil drauf. Also ist er daran schuld, dass Frau Fourgé neuerdings nach Krokodil riecht, denkt Zweistein. Der Compu-

ter-Mann ist blond, hat einen kleinen Bauch, seine Wangen sind gerötet. Er trägt ein rotes Hemd und weiße Socken, seine Schuhe hat er ausgezogen. Zweistein findet, er riecht nach mittelaltem Gouda. Aber vielleicht riechen alle Computer-Männer so. Wenn er lacht, klingt es, als würde er gleich ersticken. Frau Fourgé sagt zu ihm Hartmut, er nennt sie Katrin, dabei heißt sie Catherine.

Frau Fourgé hat etwas gekocht, das sie »kockoväng« nennt oder so ähnlich. Eigentlich ist es Huhn. Zweistein hat auch eine Portion abgekriegt, aber die Soße schmeckt ihm nicht. Hartmut erkundigt sich, ob »die Katze«, wie er sagt, immer etwas vom Erwachsenenessen abbekommt. Was so klingt, als sei Zweistein noch ein Kind. Zweistein denkt einen

Augenblick nach. Dann erinnert er sich, dass in seinem Fressnapf noch zwei Makrelen liegen. Er läuft in die Küche und frisst eine auf. Als Frau Fourgé und ihr Besuch einen Moment auf der Terrasse verschwinden, schnappt er sich die zweite Makrele und legt sie in Hartmuts Schuh. Dann verkriecht er sich unter Frau Fourgés Bett.

Warum meint Frau Fourgé eigentlich, dass sie glücklicher wäre, wenn sie einen Mann hätte, überlegt Zweistein. Einen Mann, der vielleicht erstickt und der will, dass sie nach Krokodil riecht. Möchte sie überhaupt so riechen? Schuld an allem ist der Computer. Er hat Hartmut ausgespuckt. Was Frau Fourgé wohl von ihm hält? Aber ehrlicherweise muss Zweistein zugeben, dass er es häufig auch netter fände, wenn er Gesellschaft hätte. Lisbeth mit ihrem weißen Fell ist jedoch etwas völlig anderes als der Mann mit den weißen Socken. Und im Computer findet man sie schon gar nicht.

In den nächsten Wochen ist Zweistein unruhig. Er wartet. Hartmut ist nie wieder bei Frau Fourgé aufgetaucht.

Keller-geruch

Zweistein nennt es seine dunkle Seite. Er weiß, dass das keine gewöhnliche Vorliebe ist und niemand Lust hat, ihn auf seinen Touren zu begleiten. Nicht einmal sein Freund Kordon, der wie Zweistein ausgefallene Gerüche mag, aber lieber über der Erde bleibt. Den Duft von Rose, Melone oder Lavendel mögen alle. Keller, das ist etwas völlig anderes. Feuchtigkeit, Staub, verendete Käfer, Fledermauskacke, Putz, der von der Wand bröckelt. Zweistein braucht hin und wieder diese Duftmischung, so wie er Mäuse fangen muss. Den Kellergeruch im Haus von Frau Fourgé kennt er genau. Es ist das Übliche, nur im Herbst kommt eine Apfelnote hinzu, wenn Frau Fourgé dort ihre Äpfel lagert.

Regelmäßig schnüffelt Zweistein in fremden Kellern, um herauszufinden, welche Geruchsnuancen es neben dem Standard-Mix gibt. Mal riecht es nach lange getragenen Schuhen, ein anderes Mal nach Mottenpulver. Manchmal hat sich einer seiner Artgenossen verewigt, und Zweistein weiß, wer zuletzt da war.

Zweistein kennt alle Keller in seiner Straße. Fast alle. Der Keller des roten Backsteinhauses, das von einer dichten Buchsbaumhecke umgeben ist, fehlt ihm noch.

Die Haustür steht jetzt offen. Ohne lange nachzudenken, läuft Zweistein hinein und die Kellertreppe herunter. Die Tür zum Keller ist nur angelehnt. Schon ist Zweistein drin, atmet tief ein und freut sich: Es ist die übliche Kellergeruchsmischung, aber da ist noch etwas, das er nicht einordnen kann. Er schnuppert und schnuppert. In diesem Moment wird die Tür von außen abgeschlossen.

Verdammt, denkt Zweistein. Das Fenster steht einen Spalt auf, aber es ist viel zu hoch für ihn. Er hat keine Lust, hier Stunden zu verbringen, vielleicht Tage. Er sieht sich um. Ein paar Möbel stehen herum, eine Kommode, ein kleiner Tisch, ein Ohrensessel, das wäre ein guter Schlafplatz für ihn. Auf einem alten Nachttisch steht ein Steinguttopf. Mit der Pfote schiebt Zweistein den Deckel ein wenig zur Seite. Rumtopf. Frau Fourgé hat so was in ihrer Küche. Jetzt weiß Zweistein, wonach es hier riecht. Er mag den Duft, süß, fruchtig und scharf zugleich. Trinken würde er das Zeug niemals. Er schiebt den Deckel wieder zurück.

Und jetzt? Zweistein hasst es, eingesperrt zu sein. Wieso kann eine einzige Tür sein ganzes Leben verändern? Warum muss er plötzlich mit zehn Quadratmetern und trübem Licht klarkommen? Er wüsste gern, ob es irgendwo auf der Welt Katzen-Gefängnisse gibt. Dann würde er persönlich alle Katzen befreien, sobald er hier raus ist. Zweistein ohne Freiheit ist wie Welt ohne Lisbeth.

Wenn er in einem dunklen Keller sterben müsste, wäre das ein absolut blöder Tod. Er könnte sich nicht mehr verabschieden, von Frau Fourgé, von Kordon, Gauß und natürlich von Lisbeth. Bestimmt würde Paulchen sie nach Zweisteins Tod erst recht anbaggern. Aber so weit wird es nicht kommen. Er hat einige Fettreserven, dafür hat Frau Fourgé gesorgt. Zum Dank neigt er leicht den Kopf.

Zweistein denkt nach. Er hat einen ausgesprochen starken Willen. Jetzt muss er versuchen, ihn richtig einzusetzen und damit die Tür zu öffnen. Zweistein konzentriert sich. Er stellt sich ganz fest vor, dass die Tür aufspringt, in diesem Moment. Aus dem einzigen Grund, weil er es will. Mit aller Kraft. Er wartet. Schaut auf die Tür. Nichts passiert. Sein Wille ist gerade mal so viel wert wie ein faules Ei. Er hätte ihm mehr zugetraut.

Zweisteins Blick fällt auf den Rumtopf. Genau, das ist es. Er springt auf den Nachttisch und versucht, den Topf nach vorn zu schieben. Erst tut sich gar nichts. Aber dann bewegt sich der Topf, schwankt und fällt zu Boden. Es klirrt und scheppert. Überall Scherben. Kirschen, Erdbeeren und Himbeeren kugeln durcheinander, die Flüssigkeit ergießt sich über den Boden. Jetzt riecht es nicht nach Moder, sondern nach Rum und Früchten. Zweistein saugt den Duft genüsslich ein. Kurz darauf öffnet sich die Tür mit einem Knall, eine Frau im Jogginganzug kommt hereingestürmt. Zweistein schießt durch die Tür, die Kellertreppe hoch und raus aus dem Haus. Erst drei Gärten später holt er tief Luft.

Es wird ein bisschen dauern, bis Zweistein wieder in fremde Keller einsteigt. Aber er wird es tun, das weiß er. Ob er seinen Willen so weit trainieren kann, dass er eines Tages damit Türen aufkriegt? Möglich. Andererseits: Könnte er alles in seinem Leben kontrollieren, wäre er irgendwann ein Automat, ein Zweisteinomat. Und würde sich langweilen. Dann doch lieber einen Rumtopf umwerfen.

Schmutz

Frau Radtke, die Nachbarin, trägt häufig lachsfarbene Gummihandschuhe. Mit einem Lappen wischt sie jeden Tag Tisch und Stühle auf der Terrasse und putzt in den Zimmern herum, Zweistein hat sie durch die Scheibe beobachtet. Auch den Holzboden im Wohnzimmer bearbeitet sie ständig. Manchmal poliert Frau Radtke ihre Möbel mit einer dunklen Flüssigkeit, davon werden sie noch dunkler. Jedes Haar trägt sie einzeln zum Fenster und wirft es hinaus.

Zweistein findet, dass die Möbel überhaupt nicht schmutzig sind. Wenn man einen sauberen Tisch putzt, wird er dann noch sauberer? Vielleicht will Frau Radtke einen Wettbewerb gewinnen, dass sie die saubersten Möbel der ganzen Straße hat. Aber was bringt das? Bestimmt ist Herr Radtke eifersüchtig auf die Möbel. Andererseits fände er es wahrscheinlich nicht so gut, wenn seine Frau jeden Tag mit Gummihandschuhen an ihm herumwischen würde.

Frau Fourgé sagt immer, bei den Radtkes könne man vom Fußboden essen. Zweistein stellt sich vor, wie sie auf dem Boden sitzen und Mittag essen, sie würden ihr Schnitzel direkt auf dem Boden schneiden. Casimir könnte dann die Reste auflecken. Der

Tisch würde auf diese Weise sauber bleiben. Aber Frau Radtke würde ihn trotzdem wischen.

Jeder Krümel ist für Frau Radtke ein Feind, überlegt Zweistein. Den sie sofort vernichten muss. Wenn sie jedoch alles rundherum gesäubert hat, sind wieder neue Staubkörner auf den Tisch gefallen, liegen neue Casimir-Haare auf dem Boden, und der Gartentisch hat einen Vogelschiss abgekriegt. Frau Radtke kann den Kampf überhaupt nicht gewinnen. Trotzdem versucht sie es jeden Tag, um den Feinden nicht das Gelände zu überlassen. Irgendwann wird Zweistein ihr eine tote Maus auf den Gartentisch legen.

Zweistein fällt ein, dass er einmal aus der Ferne eine Beerdigung gesehen hat. Auf dem Friedhof im Ort haben vier Männer einen Sarg getragen und in eine Grube versenkt. Danach haben die Menschen, die um das Grab herumstanden, Erde in die Grube geworfen. Frau Radtke war auch da und hat ebenfalls Erde in das Loch geschmissen, obwohl sie ohne ihre lachsfarbenen Gummihandschuhe schmutzige Finger bekommen hat.

Wenn Frau Radtke eines Tages dran ist, würde sie den Sarg noch gründlich auswischen wollen, bevor sie sich hineinlegt, denkt Zweistein. Wie gut, dass sie das dann nicht mehr kann.

Neuschnee

Wenn der erste Schnee fällt, läuft Zweistein nach draußen, um Schneeflocken zu jagen. Sie lassen sich viel leichter fangen als Mäuse. Manche Flocken erschlägt Zweistein mit seiner Pfote, andere frisst er auf. Sie schmecken frisch, nach Luftwasser. Irgendwann wird es ihm in seinem Maul zu kalt, dann hört er auf. Sein dunkelgraues Fell ist weiß geworden, und wenn er über den verschneiten Rasen tapst, ist er kaum noch zu erkennen.

Einmal ruht sich Zweistein hinter einer Eiche aus und sieht, wie eine Maus Schneeflocken jagt. Sie macht es wie er und erschlägt die Flocken mit der rechten Vorderpfote. Dann legt sie den Kopf zurück und lässt die Flocken in ihr Maul fallen. Zwischendurch kugelt sie in den Schnee, danach sieht sie aus wie ein Schneeball. Zweistein hätte jetzt leichtes Spiel mit ihr. Er beobachtet, wie sie weiter Flocken erschlägt, es sieht aus, als würde sie in die Luft boxen. Aus irgendeinem Grund zögert er, sich auf sie zu stürzen. Vielleicht liegt es daran, dass die Maus genauso mit den Schneeflocken spielt, wie er es getan hat. Würde er über sie herfallen, würde er ein kleines bisschen sich selbst auffressen. Zweistein bleibt hinter der Eiche und schaut ihr zu. Die Schneeflocken fallen immer dichter und tanzen um die Maus herum. Vielleicht ist sie es auch, die mit den Flocken tanzt. Na gut, im Frühjahr bist du dran, denkt Zweistein.

Während er langsam nach Hause läuft, studiert er die Abdrücke im Schnee. Die meisten kennt er: Hund, Kaninchen, Eichhörnchen, Amsel, Meise. Die größten Abdrücke haben die Menschen, manche sind hübsch, mit Linien und Kreisen drin. Er sieht seine eigenen Spuren, die zu dem Baum führen, bei dem er gerade war. Und er sieht kleinere Spuren, die ein Stück neben seinen eigenen verlaufen. Sie führen zu der Maus, die er eben gerade verschont hat.

Die Krippe

Weihnachten bekommt Zweistein jedes Mal ein Festmahl vorgesetzt: gebratene Entenbrust, Gänseleber-Pâté und zum Nachtisch ein Stück Camembert. Frau Fourgé serviert ihm alles auf einem roten Teller mit Goldrand. Zweistein bemüht sich, nicht zu schlingen, damit er länger etwas von allem hat. Danach verdaut er mit halb geschlossenen Augen und achtet darauf, nicht einzuschlafen. Am Heiligabend hat er noch etwas vor, wie jedes Jahr.

Nach einer Weile streckt er sich und verschwindet nach draußen. Ein paar Straßen weiter ist eine alte sandfarbene Kirche. Zweistein wartet, bis die Besucher des Spätgottesdienstes herauskommen, dann schlüpft er hinein. Die Kirche ist jetzt leer, und Zweistein schaut sich in aller Ruhe die Krippe an. Der Stall ist mit Stroh ausgelegt, drum herum liegen ein paar Tannenzweige. Das Jesuskind hat rote Wangen, die aussehen wie kleine Äpfel. Neben den Heiligen Drei Königen stehen Schafe und ein Esel. Eine kleine schwarze Katze ist auch da, neugierig blickt sie ins Kirchenschiff. Warum gibt es eigentlich keine heiligen drei Katzen, denkt Zweistein.

In der Kirche gehen jetzt die Lichter aus, auch die Kerzen im Tannenbaum brennen nicht mehr. Nur im Stall leuchtet eine kleine Laterne. Zweistein weiß, dass er sich jetzt schnell davonmachen muss. Aber dieses Mal bleibt er ein bisschen länger vor der Krippe stehen, es wäre nett, denkt er, wenn die kleine Katze ihren Kopf zu ihm drehen würde.

Als er sich schließlich aufmacht und zum Haupteingang läuft, ist die Tür zu, der Nebeneingang genauso. Zweistein ist eingesperrt. Im ersten Moment ist er erschrocken, aber dann gewöhnt er sich an den Gedanken. Vielleicht kann er ein paar Mäuse fangen. Er streift umher, schaut sich den Altarraum an, läuft die Stufen zur Kanzel hoch und wieder hinunter, jetzt ist er der Herr über die Kirche. In einer Nische hängt ein Bild von Gott, zumindest glaubt Zweistein, dass es Gott ist. Er hat einen weißen Bart, der aussieht wie der Flokati Teppich im Schlafzimmer von Frau Fourgé, und einen strengen Blick. Ob die Menschen Angst vor ihm haben? Einen Augenblick schaut Zweistein ihn direkt an, dann wird es ihm zu anstrengend. Vielleicht gibt es auch einen Katzengott, überlegt Zweistein. Er hat Schnurrbarthaare, die einen Meter lang sind. Alle müssten ihm aus dem Weg gehen, damit sich seine schönen Schnurrbarthaare nicht verbiegen. Zweistein weiß nicht, ob er an ihn glaubt. Immerhin könnte es sein, dass er Zweistein beschützt, also sollte er vorsichtshalber an ihn glauben. Er beschließt, gleich morgen damit anzufangen, heute ist es zu spät, und allmählich wird er müde.

Zweistein läuft zur Krippe zurück, im Stall leuchtet immer noch das kleine Licht. Er legt sich zu den Schafen ins Stroh, schön warm ist es hier. Aus dem Augenwinkel sieht er die schwarze Katze – ob sie im Stehen schlafen kann?

Als Zweistein am nächsten Morgen aufwacht, hat er einen würzigen Duft nach Tanne in der Nase. Er weiß sofort, wo er ist. Er schaut in die Krippe, Jesus hat immer noch sein rotes Apfelgesicht. Am liebsten würde Zweistein jetzt lange bleiben. Aber irgendwann würde ihn jemand verjagen, und das möchte er nicht. Er wirft einen Abschiedsblick auf die kleine Katze, hoffentlich sieht er sie im nächsten Jahr wieder. Dann läuft er zum Eingangstor, das jetzt geöffnet ist. In seinem Fell stecken noch ein paar Strohhalme.

Welt- unter-

Wenn das Jahr zu Ende geht, ist Weltuntergang. Es knallt und kracht und zischt überall. Als Zweistein klein war, ist er einmal von einem Böller getroffen worden. Jemand hat etwas auf seinen Schwanz geworfen – ein Knall, Funken, es roch nach verbrannten Haaren, seinen Haaren. Zweistein hat sich furchtbar erschreckt und ist sofort nach Hause gelaufen. Frau Fourgé sagte zu ihm »mein armer Hase« und hat ihm ein feuchtes Tuch um den Schwanz gewickelt. Dann bekam er eine große Makrele. Der Fisch hat ihm gut geschmeckt, aber Zweistein war trotzdem schlechter Laune. Selbst wenn er angekokelt wurde, ist er noch lange kein Hase. Schleunigst hat er sich unter den Küchenschrank verzogen und ist die ganze Nacht nicht wieder aufgetaucht. Seitdem verschwindet Zweistein Silvester unter dem Küchenschrank. Frau Fourgé stellt einen Teller selbstgemachter Wildschwein-Pâté mit Thymian auf den Boden, um ihn hervorzulocken. Aber Zweistein will nicht.

gahg

Unter dem Schrank ist es so dunkel, dass sich Zweistein erst mal zurechtfinden muss. Allmählich kann er besser sehen, ein bisschen Küchenlicht dringt zu ihm nach unten. Jedes Mal findet Zweistein irgendetwas: einen Pfefferminzbonbon, Reiskörner, ein paar Kaffeebohnen. Auch vertrocknete Mäuseköttel hat er schon gesehen, aber leider keine Maus. Er sucht alles genau ab, schnüffelt, es riecht nach Kaffee, Holz und Staub, Zweistein mag den Geruch. Bald kennt er alle Staubflusen, er könnte ihnen Namen geben: Fluse eins, Fluse zwei, Fluse drei, Fluse vier usw. oder Paula, Karina, Lea, Nina. Jede hat eine besondere Form und erinnert ihn an etwas. Eine Fluse sieht aus wie ein Schaf, eine andere wie ein Wolf, die nächste wie ein Rasierpinsel und die übernächste wie eine Pistole. Es macht ihm Spaß, Geschichten zu den Flusen zu erfinden. Zweistein stellt sich vor, dass sich das Schaf mit dem Pinsel rasiert, ein Wolf taucht auf, und das Schaf zieht seine Pistole. Stundenlang denkt er sich neue Staubflusengeschichten aus. Irgendwann sind nur noch ein paar Knaller aus der Ferne zu hören. Nach dem letzten Böller schläft Zweistein ein.

Zweistein sucht
Hadeeinsachtneunsieb

Gauß hat Zweistein von einem Planeten erzählt, der blau ist wie die Erde und wunderschön sein soll. Im Internet könne man Illustrationen von ihm sehen. Er ist nur 63 Lichtjahre von der Erde entfernt und umkreist seinen Stern in großer Nähe. Allerdings kann keiner auf ihm leben. Es ist unglaublich heiß und stürmisch dort, Meere gibt es auch nicht, die für Abkühlung sorgen. Außerdem regnet es Glassplitter, die dem Planeten seine blaue Farbe geben. Zweistein wollte wissen, wie er denn heißt, aber Gauß hat nur etwas Komisches vor sich hin gemurmelt, das Zweistein nicht verstanden hat, Hadeeinsachtneunsiebendreidreibe oder so ähnlich. Kein schöner Name für einen blauen Planeten, denkt Zweistein. Er will sich beizeiten einen besseren überlegen.

Wenn Zweistein jetzt abends zum Himmel blickt, versucht er, den wilden Bruder der Erde zu finden. Er schaut so lange, bis er das Gefühl hat, Löcher in den Himmel gestarrt zu haben. Eigentlich, überlegt Zweistein, muss es für den Planeten ziemlich öde sein, wenn keiner auf ihm wohnen kann, nicht mal eine Laus oder ein Grashalm würde es dort aushalten. Er rast einfach durch die Gegend und spuckt Glas. Niemand darf ihm zu nahe kommen.

eidreibe

Zweistein will die Augen offenhalten, ob er eine blaue Scherbe findet, sie könnte von dem Planeten mit dem komischen Namen stammen. Er wird sie gegen das Licht halten, vielleicht sieht er irgendwelche Bilder und erfährt, wie es auf Hadedingsda aussieht. Er würde ihm gern ein paar Bilder von der Erde zurückschicken, aber das könnte schwierig werden. Wäre der Planet nicht blau und dadurch irgendwie mit der Erde verwandt, wäre er ihm egal, aber so fühlt er sich ihm verbunden. Auch wenn der Planet völlig durchgeknallt ist.

Zweistein hofft, dass er eines Tages doch noch ins All fahren kann. Nach 63 Lichtjahren wird er bei dem blauen Bruder ankommen und ihm vom Brummen der Erde erzählen. Hadedingsda müsste nur für einen Moment zur Ruhe kommen und damit aufhören, Glas durch die Gegend zu spucken. Vielleicht freut er sich am Ende sogar über Besuch.

Die Zeitkapsel

Frau Fourgé sagt immer am Ende des Jahres: »Wie die Zeit vergeht, alles geht so schnell.« Sie sagt das auch sonst, zum Beispiel wenn die Batterie ihrer Uhr abgelaufen ist oder wenn sie wieder eine neue Klobürste kaufen muss.

Zweistein findet nicht, dass die Zeit schnell vergeht, im Gegenteil. Wenn er den ganzen Tag draußen war, kommt es ihm vor, als wäre er viel länger unterwegs gewesen. Er weiß nie, wie der Tag beginnt und wie er aufhört. Warum findet Frau Fourgé, dass die Zeit schnell vergeht, und er findet das nicht? Es ist doch dieselbe Zeit. Er würde ihr gern von der Zeit, die ihm lang vorkommt, etwas abgeben.

Frau Fourgé meint, dass ihre Tage sich nicht besonders unterscheiden. Am Vormittag arbeitet sie im Büro, dann kommt sie nach Hause und kümmert sich um Zweisteins Essen. Später isst sie selbst und

räumt auf. Und abends denkt sie an den nächsten Tag. Die Woche fliegt davon.

Vor Kurzem hat Frau Fourgé Zweistein von Zeitkapseln erzählt. Das sind Behälter, in denen Dinge für eine bestimmte Zeit aufbewahrt werden. Auch in ihrem Ort gibt es seit Kurzem so eine Kapsel. Die alte sandfarbene Kirche musste renoviert werden, und in der Turmspitze ist eine Zeitkapsel eingebaut worden. Fotos, Münzen und Papiere lagern darin, außerdem ein Modell der frisch renovierten Kirche. In fünfzig oder hundert Jahren werden Menschen die Kapsel öffnen und schauen, was darin liegt. Sie können auch etwas herausnehmen oder dazulegen. Zweistein kennt die Kirche, es ist seine Weihnachtskirche. Schade, dass Kordon nicht noch hundert Jahre lebt, er wäre sicher gern dabei, wenn die Kapsel auseinandergenommen wird.

Frau Fourgé meint, dass jeder auch für sich selbst Zeitkapseln anfertigen kann. Er schreibt Wünsche auf, die er an die Zukunft hat, und legt den Zettel hinein. Zehn Jahre später kann er dann nachschauen, was davon alles in Erfüllung gegangen ist. Frau Fourgé würde sich wünschen, dass die Zeit nicht so schnell vergeht.

Zweistein stellt sich vor, er hätte eine Zeitkapsel. Eine große hohle Kugel, zum Beispiel aus glänzendem Kupfer. Er würde dort keine Sachen, sondern Zeit hineingeben. Nämlich die Zweistein-Zeit, also die langsame Zeit. Einmal im Jahr dürfte Frau Fourgé die Kapsel öffnen und sich etwas von der langsamen Zeit herausnehmen. Zweistein müsste die Kapsel regelmäßig auffüllen. Frau Fourgé würde dann am Ende des Jahres nicht mehr sagen, dass die Zeit so schnell vergeht.

Jetzt muss Zweistein nur noch herausfinden, wo er eine Zeitkapsel aus Kupfer herbekommt. Der Rest wäre kein Problem.

Luxus

Frau Fourgé hat in der Zeitung von einer Katze gelesen, die zum Essen Hummer-Sushi, Shrimps und Kaviar bekommt. Sie heißt Cocotte und lebt in Bordeaux. Die weiße Siamkatze frisst mittlerweile nichts anderes mehr, mit Makrelen oder Thunfisch braucht man ihr nicht zu kommen. Ihr Herrchen, Monsieur Séverin, ein Tanzlehrer, serviert ihr das Essen auf einem silbernen Tablett. Von den vielen Leckerbissen ist Cocotte fett geworden. Mäuse haben nichts zu befürchten, wenn der Schatten von Cocotte auftaucht, sie ist langsam wie eine Schnecke. Früher hat Monsieur Séverin mit Cocotte Walzer getanzt, jetzt faucht sie nur, wenn er wieder eine CD einwirft. Cocotte hat auch ein iPad, auf dem sie Bilder anklicken kann, aber sie kratzt nur lustlos darauf herum. Frau Fourgé sagt, Cocotte sei eine Luxuskatze.

Zweistein überlegt, ob Luxus bedeutet, dass man jeden Tag dasselbe essen muss und davon fett wird. Er hat erst einmal Kaviar gegessen und mochte ihn nicht, er fand ihn bitter. Natürlich würde er ihn essen, wenn er kurz vor dem Verhungern wäre, aber nur dann. Shrimps und Hummer hat Zweistein noch nie gekostet, und sie haben ihm auch nicht gefehlt. Das iPad würde er einmal ausprobieren und es dann wahrscheinlich an Gauß weiterreichen. Als Céline aus Paris zu Besuch war, hatte sie so ein Teil dabei. Zweistein mag es nicht, dass iPads nach Plastiktüten riechen. Kordon findet, sie riechen nach Kaugummi.

Warum haben es manche Katzen so gut und andere schlecht, denkt Zweistein. Es wäre gerecht, wenn es allen Katzen ungefähr gleich gut ginge. Ob es jemanden gibt, der das Gutgehen und Schlecht-gehen verteilt? Dann müsste man ihm sagen, dass er sich bei Cocotte zu wenig Mühe gegeben hat. Bei Zweistein hat er ordentlich zugelangt, was auch nicht fair ist. Zweistein würde notfalls ein bisschen von seinem Sehrgutgehen abgeben, aber nur ganz wenig. Das könnte zum Beispiel heißen, dass Frau Fourgé ihm Weihnachten etwas weniger Gänse-leber-Pâté spendiert als sonst. Es ist sowieso immer zu viel, was sie ihm hinstellt, und danach fühlt er sich wie gestopft. Das, was er weniger hat, könnte dann gern an eine arme Katze gehen. Die kein Weih-nachtsessen bekommt.

Zweisteins
Geburtstag

In ihrem linken Augenwinkel hängt eine Träne. Zweistein ist gespannt, wann sie aus dem Auge herauskommt und über Frau Fourgés Wange läuft. In den Händen hält sie einen Kuchen, der aussieht wie ein Fisch, mit Augen und Flossen, drei brennende Kerzen stecken darin. Frau Fourgé erzählt, es sei schwierig gewesen, eine Fischkuchenform aufzutreiben, aber am Ende habe sie eine gefunden. Dann setzt sie sich ans Klavier und singt »Zum Gebuuurtstag viel Glück ...«. Zweistein bekommt einen neuen Korb geschenkt, was ihm gar nicht gefällt, der alte war gemütlicher, und der neue riecht nach Korb und nicht nach Zweistein. Er fragt sich, was Geburtstag soll, wenn alte Körbe einfach verschwinden. Gestern war er zwei, heute ist er drei und in einem Jahr vier – na und?

Zweistein würde am Geburtstag von Frau Fourgé keine Träne vergießen. Vor Kurzem ist sie 50 geworden und hat Freunde eingeladen. Die Gäste haben Unmengen von Blumen mitgebracht, dabei hat Frau Fourgé den Garten voll davon. In der Hand hielten sie hohe Gläser, in denen winzige Bläschen um die Wette nach oben stiegen. Sie haben mit den Gläsern herumgeklirrt, aber keines ist kaputtgegangen. Dazu haben sie Frau Fourgé angelächelt und »alles Gute« gesagt, immer wieder, wie Papageien. Ein Korken ist an die Decke gesprungen und hat einen Teil vom Kronleuchter heruntergeholt. Frau Fourgé hat gelacht und gemeint: »Scherben bringen Glück.« Als Zweistein neulich aus Versehen mit dem Schwanz ihre weiße Teekanne vom Küchentisch gefegt hat, hat sie nicht gelacht.

Wenn ein Jahr vergangen ist, ist die Erde einmal um die Sonne gekreist, hat Gauß vor Kurzem berichtet. In einer Sekunde legt sie fast 30 Kilometer zurück, in einer Stunde mehr als 100 000. Kaum hat sie eine Umrundung geschafft, muss sie gleich die nächste Tour beginnen. Zweistein ist beeindruckt, dass die Erde pausenlos rast, ohne dass er etwas davon merkt – er hat in einem Jahr nur ein paar lumpige Kilometer zurückgelegt. Eigentlich müsste man der Erde gratulieren und nicht ihm.

Wann hat die Erde eigentlich Geburtstag? Vielleicht weiß es Gauß, Zweistein wird ihn fragen. Diesen Geburtstag würde Zweistein gern feiern. Dann müsste Frau Fourgé nach einer Kuchenform suchen, die wie ein Erdball aussieht.

Zweistein hört den Katzenplaneten

Wenn Zweistein nachts in den Himmel schaut, sieht er einen Planeten, der besonders hell leuchtet. Das ist der Katzenplanet. Er stellt sich vor, dass das Fell der Katzen dort silbrig glänzt, und zwischen den Augen haben sie einen hellen runden Fleck, wie ein kleiner Mond. Auf dem Katzenplaneten gibt es viele Bäume, auf denen die Katzen herumturnen können, keiner stört sie dabei. Sie schwingen sich wie Affen von Ast zu Ast, machen Salto, rückwärts, vorwärts, hoch in die Luft. Auch die kleinen Katzen üben schon Purzelbäume auf den Ästen, und wenn sie herunterfallen, landen sie immer auf den Füßen. Vielleicht kommt auch Lisbeth vom Katzenplaneten, da sie doch immer so elegant über die Äste tanzt, und das ist ihr Geheimnis, denkt Zweistein. Auch sie hat vorn einen kleinen Mond, über dem linken Auge.

Zweistein würde sich den Planeten gern einmal aus der Nähe ansehen. Es muss seltsam sein, wenn alles voller Katzen ist, ein einziges Katzen-Gewimmel. Ob es genug Mäuse zum Jagen gibt? Zweistein würde auffallen mit seinem dunkelgrauen Fell. Trotzdem wäre er einer unter vielen und nicht mehr König, so wie bei Frau Fourgé.

Wenn Zweistein sehr lange schaut, hat er das Gefühl, der Planet bewegt sich auf ihn zu. Dann springt er in die Luft, nur aus Spaß, vielleicht kommt er ja beim Katzenplaneten an. Zweistein stört es nicht, dass er wieder auf der Erde landet. Er mag das

Gefühl zu springen
und für ein paar Sekunden
in der Luft zu glauben, dass er überall hinkommen kann. Eigentlich springen
wir viel zu selten, überlegt er, einfach so, in die
Luft, und denken uns dabei etwas aus.
Manchmal, wenn der Katzenplanet besonders hell
funkelt, hört Zweistein einen hohen Ton, wie Mäuse-
fiepen. Die Menschen können ihn nicht hören, keiner
hebt den Kopf. Zweistein ist sicher, dass der Ton vom
Katzenplaneten kommt, aber was bedeutet er? Zweistein stellt sich vor, dass die Katzen vom Katzenplaneten manchmal in aller Ruhe dasitzen und
auf die blaue Kugel der Erde hinabschauen.
Dann glauben sie zu hören, wie die Erde
brummt. Und sie überlegen, was
das zu bedeuten hat.